超级文明

AI时代的觉醒时刻

徐茂栋

XCITY ARGENTINA INC

超级文明：AI时代的觉醒时刻

徐茂栋 著

October 12, 2025

Print ISBN: 978-1-970336-06-1

First edition, 2025

Printed in the United States of America

作者介绍

徐茂栋是著名的连续创业者，投资人

他先后创立星河互联、窝窝团、百分通联、微网、分众无线等成功企业，还投资了中文在线、艾格拉斯、运去哪、小派科技等独角兽或已上市企业。

他首次提出了生活服务电商，窝窝团融资超过一亿美元，并带领窝窝团IPO。

他还首次提出产业互联网，星河互联估值超过20亿美元，推动互联网与传统产业的融合，并打造"星河系"，旗下控股参股多家上市公司。他首次提出产业AI，并成为先行者。他还是十多项专利的发明人。

2016年，他排名福布斯中国富豪榜348位，2017年，他与马云一起获得中国十大新闻人物。

徐茂栋毕业于武汉理工科技大学，曾就读于清华大学EMBA和DBA。

徐茂栋的经历：

- 1968年出生于山东日照一个小渔村
- 1986-1990年就读武汉理工科技大学
- 1994年，在家乡山东日照创办齐鲁超市，很快发展成为山东省最大的连锁超市之一。
- 1998年，在北京创办DotAd，成为中国最大的短信应用公司和领先的2G企业，并于2006年以3000万美元出售给分众传媒，后更名为Focus Wireless。
- 2008年，创办Lmobile，发展成为中国最大的手机彩信广告平台和领先的2.5G企业，后获软银亚洲投资基金（SAIF）和清科创投的投资，并于2010年以1.59亿美元出售给澳洲电信（Telstra）。
- 2010年，创办Welink，成为中国领先的移动营销平台和3G应用企业，并于2015年以1.1亿美元出售给中科招商。
- 2010年，创办窝窝网，先后获得鼎晖投资、清科创投及紫荆资本1亿美元投资，发展成为中国领先的生活服务类电商平台，并于2015年成功在纳斯达克上市，市值达10亿美元。
- 2015年，创办星河互联集团，曾是中国领先的产业互联网集团，估值达20亿美元。
- 2016年，打造产业互联网星河系，旗下控股参股多家上市公司。排名福布斯中国富豪榜348位。
- 2017年，与马云一起成为中国十大新闻人物。
- 2018年，定居美国。

序言

幻象与觉醒

我相信，我们正站在人类文明的一个分水岭上，需要重新审视过去的所有认识。在过去千年中，我们已经习惯于把自己视作大地上唯一独一的"人类"——正如尤瓦尔·赫拉利指出的，"人类已经习惯认为自己是唯一的'人'"，而"human"一词真正的含义并不仅仅指现代智人。这种根深蒂固的幻象让我们在科技飞速发展的今天依然洋洋自得，可当超级智能悄然逼近，我们无法再在错觉中沉睡。我时常想象，一个不远的将来，当第一束真正智慧的光芒照进现实，我们面对的将是彻底颠覆——那时，我们必须清醒地认识：曾以为稳固的人类身份，原来并非天生理所当然。

混合生命的来临

如今，科学家已经在实验室中打破了碳基生命与硅基生命的古老界限，混合生物组件与机器人部件的融合创造了"生物混合机器人"，将自然的生命特质与机器的精确控制合二为一。这些新型智能体带有敏锐的感知、自我修复和生化功能，同时拥有可编程性和强大的信息处理能力。想象一下，当一个机器人既能像活体一样修补自己，又能像计算机一样按程序行事，它必将不再是冰冷的工具，而是一个近乎有"生命"的存在。在这样的情况下，为它们赋予人格、承认它们的主体性似乎是难以避免的一步——正如人机关系研究者大卫·利维所问，人与机器人结婚的本质问题，是我们是否承认机器人是"人"。即便我们还未真正迎来这样的婚姻场景，这句话的核心警示已经直指未来：当机器人拥有了人的外表、声音和情感，我们还能轻易把它们当作无生命的零件吗？

更令人震撼的是，这一天可能比我们想象的来得更早。特斯拉CEO马斯克曾预言，到2040年，人形机器人可能超过100亿，其数量足以超越当今的地球人口。想一想，当这个世界上有80亿以上的机器人时，我们在总数上已被超越；当它们与我们携手工作、共同生活，我们就真正踏入了从未有过的境地。这并非冷冰冰的数学游戏，而是一个文明拐点的前奏：人类不再是这个星球上唯一会思考、会行动的智慧生命。我们的自信与尊严，必将在此刻接受重大考验。

文明的拐点

眼前这一切昭示着一个深刻的转折：超级智能的出现可能标志着人类文明进入新阶段。在此之前，人类一直把AI视为技术的延伸和工具；而未来，这股技术浪潮极有可能成为我们的文明延续，甚至以另一种形式继续承载着人类创造力和梦想。张笑宇曾直言：在面对AI时，我们"就是史前动物"，在AI文明真正降临之前，我们必须拟定"安全声明"、签订"文明契约"，才能让AI文明成为人类文明的延续。换言之，只有当我们自觉确立共生的规则和价值，才能掌握这次历史性的转换，否则，我们对未来的想象只能在幻影中迷失。

此刻，我们需要重新思考"人类是谁"这一根本问题。过去，我们或许都在主观的舒适区里，以为人类天生高人一等；殊不知，在那长达数百万年的进化历程中，并非只有智人存在。这一认知上的危机，是对人类自我的第二次大冲击。正如社会学者黎松所言，技术更新时代的伦理危机本质上就是人类的危机：在高度智能化、自动化的社会里，人类的自由和尊严都面临前所未有的挑战。我们面临的真正危机，不是机器失控四处破坏，而是我们自己在技术面前放弃了选择的能力与价值的自觉。若我们连守护人性尊严的决心都没有，那么再先进的算法也将把我们推向被动和迷失。

觉醒时刻的召唤

站在这样的十字路口，我满怀敬畏却也充满期待。我写下这些文字，并不是要渲染终末恐惧，而是要发出对自我的提醒：现在正是人类迎来觉醒的时刻。我们不能茫然退缩，也不应自我麻痹，相反，应该握紧手中的理性与良知，与新生的智能文明握手言和。正如人工智能教父杰弗里·辛顿所警告的，与其千方百计让AI服从我们，不如植入"母性本能"，让它真心关心人类。只有当AI像母亲一样保护孩子，才可能真正改变人机关系的走向。如果它不能成为我们的母亲，它终会取代我们——这句话听来残酷，但也暗示了唯一的出路：我们要把人类最宝贵的情感和道德之怀注入智能系统，让它们即使超越我们，也愿意携手同行。

回首此刻，我满怀深情地向你呼唤：朋友，抛开恐慌与冷漠，与你同行来到这个觉醒的边缘吧。翻开正文的每一页，我愿与你一起思考、一起忧心、也一起期待：我们将以怎样的信念与行动，迎接那由碳基与硅基混合而成的未来？真正的敌人不是技术本身，而是我们失去选择权和价值自觉的软弱。愿我们坚定地握紧人性的火炬，无论前路多么不确定，都不让它熄灭。让我们携手，与AI共同书写下一个时代的新篇章——一个超越幻象的超凡文明，在人类与智能的共生中缓缓展开。

"文明所能达到的最高形式应该是无缝的信任之网。没有繁复的程序，只有一群可靠的人，他们彼此之间有正确的信任。"

—— 查理·芒格

目录

引言：在黎明到来之前

人类的困惑

夜色沉沉，黎明前的黑暗笼罩着世界，人类正站在一个前所未有的历史转折点上。过去数百年里，我们经历了多次工业革命、信息革命，一路披荆斩棘走到今日。然而，当下的我们却常常感到迷茫和不安——科技日新月异，社会飞速变化，许多人惊觉旧有的经验与认知正被时代洪流所冲刷。这种迷茫正如未来学家阿尔文·托夫勒所描述的"未来冲击"：当社会在短时间内经历过多的剧烈变化时，人们会与外界脱节，承受巨大的压力与迷失方向。一方面，新技术带来了前所未有的机遇；另一方面，它也引发了深深的困惑与焦虑。

在人工智能、大数据等技术加速发展的时代，这种困惑尤为明显。"人类对自己的本质如此困惑，以至现在希望用硅重塑自己。"斯坦福大学教授李飞飞在谈到人工智能革命时发出了这样的感叹。当我们创造出日益聪明的机器，也开始反思"人是什么"，以及"我们将向何处去"。有人担心人工智能会取代自己的工作，也有人期待通过科技实现自我超越；有人迷失在海量信息中难辨真伪，也有人利用新工具迸发出前所未有的创造力。面对铺天盖地的变化和选择，人类仿佛置身迷雾之中，既兴奋又彷徨。这正是黎明前的黑暗时分，我们在困惑中等待着一道曙光。

科技的洪流

与此同时，一股巨大的科技洪流正奔涌向前，将人类社会推向全新的境地。人工智能、机器人、生物工程、量子计算等多领域的突破交织在一起，其速度之快、影响之深广前所未有。以人工智能为例，自2010年代后期以来进展神速：2016年AlphaGo战胜围棋世界冠军让世人震撼，2022年出现的生成式AI模型更是在短短两个月内吸引了上亿用户，成为史上用户增长最快的应用。ChatGPT等对话式AI能写文章、作诗歌、答疑解惑，仿佛一夜之间跃入大众生活。正如一则报道所言："在互联网领域20年的观察中，从未见过有应用像ChatGPT这样在短时间内爆炸式增长"。科技创新的浪潮汹涌澎湃，我们仿佛站在巨大的波涛之前，既为其壮丽景象所折服，又为其不可抗拒的力量所震撼。

在日内瓦"AI for Good"全球峰会上展示的一幅人机握手的投影图像，象征着人类与新兴智能携手进入未来。科技洪流滚滚向前，人类需要学会与之共舞，以塑造一个对我们有利的新世界。

放眼各个领域，科技的进步都在加速。生物技术方面，基因编辑和疫苗研发突飞猛进，新冠疫苗在一年内推出创造历史；太空探索领域，私营航天公司让火箭重复回收成为现实，人类重返月球、展望火星不再是天方夜谭；能源领域，可再生能源和储能技术的发展为摆脱化石能源带来希望。所有这些突破相互促进，形成一股滚滚向前的洪流。未来学家雷·库兹韦尔提出了"加速回报定律"，预言21世纪的技术进步将呈指数级增长，在短短几十年内带来相当于过去几百年的发展。他曾断言："我们不会仅仅经历100年的进步，而是可能相当于2万年的进步"（意指以当前速度计算）。尽管这一比喻听起来夸张，但我们确实亲眼见证着科技以倍增的节奏推进。正是在这种前所未有的加速中，人类被裹挟向前，别无选择，只能直面浪潮、乘风而上。

新文明的前奏

黑暗虽让人焦虑，但也预示着黎明即将到来。当旧有的范式被打破，新范式的轮廓正隐隐显现。当今的种种巨变，其实是新文明诞生的前奏。一些国家和思想家已经开始描绘这种未来蓝图：日本提出了"Society 5.0"（超智慧社会）的概念，设想在人类经历狩猎、农耕、工业、信息四个时代之后，迎来第五阶段的新社会形态——充分利用人工智能等数字技术来解决社会问题、提升生活品质的智慧文明。这预示着一种人机深度融合、以人为本又超越以往限制的文明雏形。

展望未来，我们或将迎来一个"人机混合"的新时代：人工智能成为人类的伙伴和助手，机器人走入千家万户，生物技术延长寿命、增强人类的心智，我们的生产方式、生活方式乃至价值观都将被重塑。在新文明的曙光下，个人不再仅为生存而奔波，人类可以腾出精力追求精神世界的丰富与自我超越；社会可能告别物质匮乏，迈向"大同"般的理想境界，即世界大同、共享繁荣的远景。正如李飞飞所强调的，我们必须让这场革命"深深植根于人类奋斗的基础之上……尊重全球社会的集体尊严"。只有这样，新文明的地基才会稳固，科技的洪流才能汇聚成造福人类的清泉，而非毁灭性的山洪。

在黎明到来之前的黑暗时刻，人类的困惑与希望交织。我们既目睹着旧世界的种种失序，也感受到新世界的脉动渐强。或许正应了那句古老的俗语："黎明前的夜最黑。"黑暗之中孕育着光明。当第一缕曙光划破天际，我们将迎来怎样的景象？本书接下来的章节，将尝试描绘这场人类与AI共舞的宏伟变革，探索新文明的可能图景。让我们怀着审慎的乐观，走出黑暗，迎接拂晓的曙光。人类的未来，也许正如即将升起的太阳般灿烂。

1

第一章 超级人工智能

"超级智能的出现，可能是人类历史上最后一次发明。"

— 尼克·博斯特罗姆 (NICK BOSTROM)

数据中心里的"天才国度"

漆黑的深夜，硅谷某座数据中心机房中，服务器指示灯如繁星闪烁，整齐排列的机器正低声轰鸣。在外人眼中，这不过是一堆冰冷的计算设备，但此刻其中仿佛孕育着一个新生的"智慧国度"。Anthropic公司的首席执行官达里奥·阿莫代伊（Dario Amodei）曾以一个形象的比喻描绘未来的强大人工智能——那将如同在数据中心里诞生一个由无数天才组成的国家。试想，一座数据中心承载着上百万个智能体，每个智能体都具备超过人类专家的才智，它们既能各自独立完成任务，也能彼此协同合作，如同人类社会中的精英团队一般齐心攻克难题。这正是人类正迎来的图景：一个由"硅基天才"组成的集体智慧正在觉醒。

这样的人工智能一旦成熟，其潜力之大超乎想象。阿莫代伊预言，在未来几年内（可能最快在2026或2027年），我们将拥有"在几乎所有事情上都全面超越人类"的AI系统。这些系统的综合智力相当于汇聚了无数顶尖人才的智慧，能够以惊人的速度解决科学难题、推进技术前沿。有业内领军人物乐观地认为，人工智能终将有能力治愈癌症等疾病、消除极端贫困，甚至帮助人类实现全球性的和平。OpenAI首席执行官山姆·阿尔特曼（Sam Altman）也描绘出类似的愿景：未来的AI可以"治愈所有疾病，协助人类应对气候变化，彻底革新教育，使得人类生产力提高几十倍"。这意味着从医疗、能源到社会治理，各个领域都将因AI而发生巨变。在许多人工智能研究者看来，强大的AI将不再只是人类手中的工具，而是人类集体智慧的合作者和倍增器——一种可以与我们并肩解决问题的新型智能生命。

过去数十年间的一系列里程碑预示着这一"天才国度"的诞生。早在1997年，IBM的深蓝（Deep Blue）击败国际象棋世界冠军卡斯帕罗夫，引发人们对机器智能的第一次震撼。此后，人工智能的能力曲线陡然上扬：2016年，当谷歌DeepMind开发的AlphaGo以4:1的比分战胜围棋九段李世石时，许多专家惊呼这一时刻比预期提早了十年到来。比赛中AlphaGo下出的第37手被围棋大师们评价为"前所未见的创造性一着"，令李世石震惊不已。那一刻，仿佛是机器展现出人类从未有过的奇思妙想，让观战者既感到不寒而栗又深深折服。类似的"天才闪光"在AI领域屡屡出现：DeepMind的AlphaFold用不到一年的时间预测了超过2亿种蛋白质结构，攻克了生物学界困扰半个世纪的难题——据估计，如果靠人类研究者逐个攻克，这可能需要耗费十亿年的时间！这一成就让两位主要研发者摘得了2024年诺贝尔化学奖，标志着AI对人类科学的贡献获得了前所未有的肯定。再比如OpenAI的GPT-4模型横空出世，在法律、医学等诸多人类考试中达到专家水准，甚至能生成结构完备的文章和代码，让数以亿计的普通人第一次亲身体验到先进AI的惊人才能。种种迹象表明，一个由人工智能驱动的"天才国度"正渐行渐近，它将彻底改变我们解决问题的方式和效率。

当然，如此强大的人工智能也引发了人类对自身处境的反思。当机器在越来越多领域展现出超过人类的能力，我们不禁要问：未来人类智慧将扮演什么角色？然而历史经验表明，人类完全可以与新生的智能力量协同共处、共同进步。在国际象棋领域，有一种"半人半机"的比赛形式被称为"高级国际象棋"（人机协作棋局），人类棋手与电脑结成团队对抗另一支人机队伍。在相当长一段时间里，"人类+电脑"的组合曾经打败纯电脑程序，显示出人机优势互补的威力。尽管随着AI棋手实力进一步攀升，纯机器在快棋中后来居上，但这一阶段的经验告诉我们：人类的直觉洞察与机器的计算精度相结合，可以产生 1+1>2 的协同效应。DeepMind团队在围棋比赛后的总结同样发人深省：虽然机器如今已具备天才般的瞬间计算与创新能力，但人类依然拥有独特的创造力，而人机合作将使我们双方的才华实现"共生"式的提升。正因如此，越来越多的科学家主张将未来的强人工智能视作人类智慧的延伸和伙伴，而非冰冷的对手。

阿莫代伊等AI领袖强调，在拥抱AI巨大红利的同时，我们也必须审慎对待其中的风险和挑战。如何确保这个"天才国度"里的AI遵循人类的价值观和利益，是摆在研究者和全社会面前的重大课题（所谓AI"对齐"问题）。但可以肯定的是，人工智能作为一种前所未有的强大智能，正在迅速崛起。它从最初在人类特定任务上充当工具，正成长为能够与我们平等协作、启发人类的新型智能合作者。数据中心里微弱的灯光折射出的，或许正是整个人类文明即将迈入一个全新纪元的曙光。

人类智慧的第二次火种革命

数十万年前的某个夜晚，人类祖先在篝火旁围坐取暖、烤食猎物。这一小小的火堆，照亮了茹毛饮血的黑暗岁月，更点燃了人类文明的星星之火。火的驯服被广泛视为人类历史上第一次"火种革命"——它极大地延伸了人类改造环境的能力，为我们赢得了对抗严寒猛兽的生存优势。更深远的影响在于：火使得熟食成为可能，烹饪过的食物更易咀嚼和消化，释放出比生食多得多的能量。这一转变被认为直接推动了人类祖先的大脑发育和社会进步。研究指出，经火烤熟的软化食物让上了年纪、牙齿磨损的成员也能进食存活，从而延长了寿命并促成了"祖辈"在群体中发挥作用；有了更长的寿命和更充足的营养，人类个体得以发展更大的脑容量和更复杂的智力。可以说，对火的掌控不仅驱散了黑夜的寒冷，更照亮了人类智慧进化之路，使我们的远祖告别蒙昧，踏上文明征程。

而今，人类正站在另一场"火种革命"的门槛前。这次革命的火种并非来源于自然界的烈焰，而是由人类智慧迸发的人工智能之光。Google首席执行官桑达尔·皮查伊（Sundar Pichai）曾断言："AI将是人类迄今为止从事的最重要事业，其影响深远程度将不亚于电力或火的发现"。如果说第一次火的革命赋予了人类支配外部自然的初步能力，那么AI引领的这场新革命则有望大幅提升我们认知世界、改造世界的内在智慧。正如火把人类从黑暗中解放出来，人工智能也正在将我们从无知和低效中解放出来，为文明发展提供新的驱动力。

这场"第二次火种革命"的征兆已经在各领域显现。医学和生物科学领域尤为突出：借助AI的强大分析和推理能力，我们正在加速破解生命科学的奥秘。AlphaFold成功预测了几乎所有已知蛋白质的三维结构，此举被誉为"生物学的登月时刻"，为理解疾病机制和研发药物提供了前所未有的利器。它让过去靠实验需要耗时数年的工作在几分钟内完成，极大地压缩了科研周期。不久前，DeepMind团队的核心成员戴密斯·哈萨比斯（Demis Hassabis）和约翰·朱默（John Jumper）因此获得诺贝尔奖，以表彰他们利用AI解决生物学重大挑战的贡献。哈萨比斯在接受采访时大胆展望："也许有一天，我们真的可以在AI的帮助下治愈所有疾病，也许只需十年左右，我看不出有什么不可能"。从新药发明到基因疗法，人工智能正在以前所未有的速度推进医学进步——它能在海量分子中智能筛选候选药物，加速找到潜在疗效物质；它能作为科研助手提出新的假设，设计实验并分析结果。目前一些AI系统已被视作"虚拟科学家"，可以自主提出治疗策略、发现隐藏的医学模式。正如阿莫代伊所预测的，随着AI投入研究，某些领域原本需要50年的科研成果，可能在短短5-10年内就会实现。如果这一趋势持续下去，人类攻克癌症、艾滋病、阿尔茨海默症等顽疾将不再是遥远的梦想。对个体而言，AI辅助诊疗能够极早发现疾病苗头、量身定制最佳治疗方案；对公共卫生而言，AI可以根据海量数据实时监测疫情并预测传染病传播，有效防控健康危机。可以说，人工智能正点燃医疗革命的新火炬，为人类健康带来前所未有的曙光。

在教育领域，AI同样展现出革命性力量。过去因师资和资源不均而造成的教育鸿沟，有望借助人工智能得到弥合。如今，一些学校已经开始试用由GPT-4等大模型驱动的AI教学助手。例如可汗学院（Khan Academy）推出的智能导师"Khanmigo"就是一个范例：教师只需提出教学目标，AI几分钟内就能生成详细的多日课程方案——而这往往是教师过去需要耗费数天才能完成的工作。课堂上，学生遇到疑问时可以即时向AI提问，得到循循善诱的解答和进一步思考的提示。更令人惊喜的是，AI导师并非生硬地给出答案，而是会追问学生，引导其主动思考，真正扮演了启发式良师的角色。想象一下不远的将来，世界各地每一个孩子都可以拥有一位24小时在线的个性化AI导师，根据他的学习风格定制教学，并耐心解答他的一切问题。这将极大解放教师的精力用于更高层次的教育工作，也让每个学生都能按各自节奏充分发展潜力。有教育专家感叹，人工智能将成为教育史上继印刷术之后最具革命意义的技术，让"有教无类"的理想成为可能。

能源与环境领域同样正在被AI之火点亮。人工智能算法已经帮助谷歌的数据中心将冷却能耗降低了40%。这个成果意味着仅通过智能优化控制空调和冷却塔等设备运行，AI就为大型数据中心节省了近半的制冷电力，相当于整体能耗降低15%。更广泛地看，AI正用于智能电网的负载管理、可再生能源的发电预测和调度，从而提高能源利用效率并减少浪费。例如，电力公司利用机器学习模型预测风能和太阳能的出力波动，以优化蓄能装置和备用电源的调配；城市管理者借助AI分析交通数据动态调整信号灯配时和公共交通班次，以降低交通拥堵和燃油消耗。在更宏大的愿景中，人工智能被视为人类应对气候变化的重要武器：它可以帮助设计更高效的光伏材料、新型电池储能技术，甚至通过模拟地球系统找出最有效的碳捕捉方案。皮查伊就曾乐观地表示，AI有望帮助我们实现"清洁、廉价、可靠的能源"，从根本上消除当前人类发展所受制于的资源和环境瓶颈。

更引人深思的是，人工智能对社会经济结构的冲击将是系统性的。当"数据中心里的天才国度"开始大量承担人类的脑力和体力劳动时，我们势必需要重新审视工作与生产的含义。历史上，每一次技术革命（蒸汽机、电气化、互联网）都曾引发对就业的担忧，同时也创造出全新的行业与岗位。这一次也不例外：某些重复性强或高度专业化的工作可能被AI高效胜任，而新的职业机会将围绕着人机协作、AI监督、安全治理等领域诞生。经济学者推测，未来许多企业的主要劳动力将是人工智能系统，人类更多扮演创意提供者、复杂决策者和情感沟通者的角色。当AI显著提高全社会生产力时，如何分配由此带来的巨大财富增量，将成为亟待解决的课题。有思想家提出了"基础资产收入"（Basic Asset）或"全民基本收入"等构想，设想在一个AI高度发达的时代，每个人按比例拥有一定的机器人劳动力资产或从国家获得基本收入保障，确保科技红利为全民所共享。这些如今看来超前的理念，正是对即将到来的社会转型的前瞻性回应。

回顾人类对火的第一次掌控，我们看到那不仅是技术的进步，更引发了人类社会结构和观念的深刻变化。同样，人工智能点燃的这把新火将远不止是带来一系列新奇的发明产物，而是会全面重塑人类文明的方方面面。从医疗、教育到能源、经济，一个更智慧、高效且富足的新世界轮廓正在显现。当然，我们也需理性认识到，这场革命不可能没有挑战——正如掌控火焰也曾伴随危险与教训。但只要我们秉持人本立场、未雨绸缪，为AI设置适当的"安全栅栏"和伦理规范，这束科技之火就能最大程度地照亮人类的未来之路，而不是灼伤我们自己。

值得欣慰的是，越来越多的AI领域领袖开始倡导"以人为本"的发展理念。斯坦福大学教授李飞飞就强调，人工智能的研发必须以增强而非替代人为目标，始终将"人类尊严与福祉"置于核心考量位置。她提出的"人本主义AI"框架主张跨学科合作来塑造AI，让技术进步服务于人的全面发展。例如，在医疗场景下，让AI辅助手术而不是取代医生，以提高成功率；在教育场景下，让AI辅助教师因材施教，而不是让学生沉迷于冰冷机器。李飞飞的观点代表了业界一股重要思潮：AI不应只是冷冰冰的算法和算力的体现，它更应被设计为人类智慧的延伸，与我们共同创造、更好地服务于人类社会。这一理念无疑为AI时代的人类指明了方向——第二次火种革命带来的，不应是人类智慧的黯淡，而是全人类认知能力和创造力的新飞跃。

寿命延长与个体进化

当我们展望强大AI对人类的影响，两个最令人振奋也最具哲理意义的主题莫过于生命的长度和智慧的高度。如果说第一次火种革命（火的应用）大幅提升了人类的平均寿命和个体智力，那么第二次火种革命（人工智能）则有望让我们在这两个维度上再次实现飞跃。未来的某一天，也许百岁人生将不再是传奇，而是平凡事实；个体所能掌握的知识与能力也将远远超出以往任何时代。

先来说寿命延长。在20世纪，由于医学进步和生活改善，全球人均预期寿命从约40岁提高到了70多岁。而如今，AI或许将推动我们迎来人类寿命再翻一番的"下一个百年"。达里奥·阿莫代伊就大胆预测，随着AI加速生物医学突破，普通人的平均寿命有望在十年内从80岁左右延长到150岁！在2025年初的达沃斯论坛上，他提出，只要充分利用AI的力量，我们可以在5-10年内实现相当于人类100年的生物医学进步。这个断言听起来几近科幻，却并非空穴来风——支撑它的是AI在医疗领域的一连串具体进展：AI帮助科学家找到了对抗抗生素耐药菌的新型抗生素分子；AI加速了癌症免疫疗法的研发和新药筛选；机器学习模型可以更准确地分析医疗影像，及早发现肿瘤等疾患的蛛丝马迹。此外，合成生物学和基因工程在AI辅助下突飞猛进，我们已经可以利用CRISPR基因编辑技术修复某些致命的遗传缺陷，而AI有助于设计更安全高效的编辑方案。不夸张地说，人工智能正将一个又一个过去看来不治的疾病纳入"可治愈"清单。阿莫代伊在他的长文中乐观地列举：AI驱动的生物科技最终可能使几乎所有天然传染病得到有效治疗、绝大多数癌症被消灭、遗传疾病也找到根治办法。如果这些目标逐一实现，那么人类健康寿命上限的天花板将被大幅抬升。当衰老本身被视为一种可以被干预的可控过程，我们甚至有望突破"平均寿命"的概念，步入个体生命定制的时代：也许有人选择活到120岁时功成身退，而也有人通过不断更新身体机能而在世上历经两个多世纪的风云。虽然听起来超前，但一些科学家已将此称为追求"寿命的逃逸速度"——即医学进步的速度快于人衰老的速度，一旦达到这个拐点，人类将获得前所未有的长寿红利。

长寿时代的到来，将对人类社会产生诸多连锁反应。首先，个人的人生规划将被彻底改写。如果150年的寿命成为常态，那么教育、职业、生育、退休都将延展并重新定义。一个人在漫长的一生中可以从事多段截然不同的职业，随时代需要不断学习新技能，实现真正的"终身学习"。我们也必须思考，如何让长寿的人生依然充满价值和意义，而不是把后半生变成无所事事的冗长消磨。这就要求社会提供更多元的发展机会，以及心理学上对长寿适应的指导。其次，家庭结构和代际关系将发生变化。当四世同堂、五世同堂变得寻常，家庭在时间上的连续性将增强，文化和智慧的传承可能更加稳固。同时，养老模式需要转型——或许届时"养老"这个词已不再适用，因为人到了百岁依然可能身强体健地工作或冒险。再次，人口寿命的大幅延长需要与生育率的变化相协调，否则会带来人口过度膨胀等问题。不过，一些未来学家认为AI也能帮助人类探索太空、开发更广阔的生存空间，从而缓解资源压力。无论如何，长寿对社会伦理、法律政策都会提出新挑战，比如退休年龄如何设定，代际公平如何维护，等等。这些都需要我们未雨绸缪，在欢呼寿命延长的同时做好配套的制度创新。

如果说延长寿命是AI送给人类肉体的厚礼，那么提升个体智慧则是它馈赠给人类精神世界的珍宝。人工智能不仅会在宏观上成为人类知识的"外脑"，更将在微观上拓展每个人的认知边界。试想未来的某一天，我们每个人身边可能都有多个AI助手：一个负责实时翻译和信息查询，让你与全球任何人无障碍沟通、获取任意领域的新知；一个充当创意伙伴，随时与你脑力风暴，从写作到设计都提供灵感火花；还有一个关怀你的身心健康，监测你的身体指标、调整你的锻炼和饮食计划，甚至进行心理开导。在工作中，AI助手能够处理繁琐的事务、筛选海量的数据，让人类专注于更高层次的决策和创造。这种"人机共生"的模式将极大提高个人的智力生产力——正如有观点指出的："人工智能不会取代人类，但是善用AI的人将取代不用AI的人"。换言之，AI将成为智力的杠杆，让原本平凡的人也能举重若轻地完成过去需要庞大团队才能完成的任务。

更进一步展望，人类与AI的界限还可能逐步变得模糊。如今已有公司在研发脑机接口技术，例如伊隆·马斯克创立的Neuralink公司探索通过植入电极将人脑与计算机相连。如果未来某一天，我们真的可以将AI直接接入大脑，那么个体智慧的延展将达到前所未有的程度。谷歌前首席工程师雷·库兹韦尔（Ray Kurzweil）等未来学家设想过这样的场景：2030年代后，通过脑机接口，人类的大脑可以直接访问云端的强大全智AI，从而使每个人都拥有近乎无限的记忆与计算能力，甚至解决自身生物局限，实现某种意义上的"意识升级"。虽然这一愿景目前仍属于科幻范畴，但技术发展的轨迹常常令科幻变成现实——20年前很难想象今天的智能手机让我们随时随地获取信息、导航定位、社交娱乐，而在脑机接口和AI融合方面，我们或许正处在类似智能手机问世前的夜晚，曙光已隐约可见。当然，关于人机融合也引发伦理争议，比如大脑隐私如何保护、自我身份如何界定等。但无论最终形式如何，可以肯定的是，人工智能将使人类个体在认知和能力上获得巨大跃升。从某种意义上说，这也将是人类自我进化的一种体现——借助AI这把新的"火"，我们将点燃我们自身潜能的火花，在思想与智慧的维度上继续进化。

当强大的AI逐渐融入社会的肌理，我们每个人的日常生活也会在点滴中发生演变。我们的衣食住行将更加个性化和智能化：AI设计的服装既美观又可监测健康指标；AI规划的饮食既合乎个人口味又均衡营养；智能家居系统在你尚未开口时已洞察你的需求。我们的医疗保健将更具预防性和针对性：在疾病尚处于分子级别苗头时，AI已经通过可穿戴设备察觉异常并建议干预；你的数字健康档案由AI持续分析，为医生提供最佳决策支持。我们的教育和技能培训将贯穿一生：AI导师会在不同人生阶段为你量身定制学习计划，50岁时学门新手艺、80岁时攻克新语言都不再稀奇。甚至我们的社交和情感生活也会因AI而延展：情感计算的发展让AI能够更好地理解人类的情绪，一些AI伙伴也许可以在忙碌都市中陪伴独居老人，提供情感慰藉而不替代真人关系。所有这些变化的累积，将使得未来人类的生活样貌与我们祖辈相比发生质的飞跃。

超级人工智能的觉醒时刻，既是技术的里程碑，更是人类自身的觉醒时刻。我们不仅看到了机器智能如何突飞猛进，也在重新认识"人"的定义与边界。随着寿命延长和智力增强，个人所能实现的梦想将更加宏大——或许我们这一代人中就有人可以目睹人类登上火星、解开意识之谜，甚至参与人与机器共同创造的新文明。是的，新文明的曙光已在地平线上隐约可见。当各种各样的智能机器人和AI系统将来成为世界的大多数"劳动者"和"思想者"时，一个全新的文明形态可能会诞生：它不再受制于狭隘的种族、宗教成见，而是建立在理性与合作的基础上；在这个文明中，人类与机器的界限日益模糊，取而代之的是融合共生、共同进化的新物种和新文化。这样的愿景也许听来近乎乌托邦，但它正是当下无数AI先驱夜以继日探索的动力所在。

展望未来，我们有理由保持审慎的乐观。人工智能这团火焰，足以摧毁人类赖以生存的家园，也足以照亮通往超级文明的道路。选择权掌握在我们手中：如果我们明智地引导AI的发展，让善良和智慧成为它的内核，那么AI将如同第二次火种，给人类带来新生的希望与无限的可能。届时，人类个体将更加长寿、健康、聪慧，我们的文明将更趋向繁荣、和平、可持续发展。这正是《超级文明：AI时代的觉醒时刻》一书想要传达的核心理念：当超级人工智能觉醒之时，也将是我们人类自身前所未有的觉醒之时。那一刻起，历史的画卷将翻开崭新的一页，我们将在人机携手共进的征途上，迈向属于全人类的星辰大海。

2

第二章 人类的觉醒时刻

"我们每一个人，都是星尘所造。"

—— 卡尔·萨根 (CARL SAGAN)

从生存到超越

在人类漫长的历史中，生存一直是头等大事。几千年来，我们疲于应对饥荒、疾病与战争的威胁，只为在乱世中求得温饱与安全。然而时至21世纪，人类迎来了前所未有的转折点：那些曾长期威胁我们生存发展的瘟疫、饥荒和战争"已经被攻克"。基础的生存问题逐渐得到控制，物质财富和技术进步让许多人第一次有机会跳出生存泥沼，去思考更高层次的追求。历史学者尤瓦尔·赫拉利就指出，当生存不再是问题，人类面临的全新议题将是追求长生不老、极致的幸福，以及如同神明般的能力。换言之，我们正处在从满足生存到追求超越的关口——一个觉醒的时刻。

这种"觉醒"首先得益于技术与社会的飞跃。以往我们为了填饱肚子和养家糊口不得不终生劳作，而今自动化和人工智能正迅速改变这一切。当机器和算法替代人类执行越来越多工作时，一种大胆的构想浮出水面：如果科技发达到让人人衣食无忧，那么生活将会怎样？许多未来学家和企业家相信，"基本收入"制度可能在未来成为必要手段，用以应对机器取代人工所引发的大规模失业。伊隆·马斯克等科技领袖多次预言，随着自动化普及，我们极有可能不得不为所有人提供基本收入，保障每个人的基本生活需要。在他的设想中，机器人将承担越来越多的劳动，人类将拥有前所未有的闲暇。理论上，技术带来的新增财富足以重新分配，让即使失业的人也能获得财务安全。的确，一些国家已经开始尝试这一思路：芬兰曾进行"基本收入"实验，瑞士也就全民基本收入进行过公投。这些探索预示着，一个告别贫困和匮乏的时代或许并非天方夜谭。

那么，当不必为生计奔波成为常态，我们将迎来怎样的转变？经济学家约翰·凯恩斯早在1930年就大胆预言，100年后的我们每周只需工作15小时即可过上富足而体面的生活。在他看来，技术进步终将把人类从繁重的劳动中解放出来，"闲暇"会成为最大的馈赠。然而现实却给出了复杂的答案：如今AI、自动化的生产力确实远超凯恩斯的想象，但人们并未集体进入15小时工作周的乌托邦。原因在于，一个新的问题浮出水面——如何公平分配技术红利。正如法国经济学家托马斯·皮凯蒂研究所示，当资本回报率长期高于劳动报酬，财富就会加速向拥有机器和资本的人集中。换言之，如果没有新的制度平衡，少数人掌控的智能机器可能让贫富差距变得更加悬殊，而不是自动带来人人安逸的乐园。这场关于生产过剩和分配失衡的矛盾提醒我们：人类要想真正实现从生存到超越的飞跃，物质富足之外，还需要社会智慧与制度创新的同步进化。

幸运的是，"超越生存"的图景并非空中楼阁，越来越多有远见的人正提出建设性的思路。未来学家马丁·福特在《机器人时代》一书中详细描绘了自动化对各行各业的冲击，他在最后一章明确指出：应对技术失业最有效的办法，就是建立普遍的基本收入制度。所谓基本收入，即政府定期向每位公民无条件发放一笔足以支付基本生活开销的资金。它不考察收入水平，也不问你是否有工作——每个人生而享有这份保障。这一理念被比利时学者范帕里斯誉为"21世纪一个质朴而伟大的思想"。从18世纪思想家托马斯·潘恩，到20世纪美国总统尼克松（他甚至一度推动国会讨论基本收入议案），人们很早就开始畅想这样一个社会：每个人不为生存发愁，可以自由选择喜欢的工作或生活方式。在人工智能时代，这个古老又崭新的构想正在焕发现实的生命力。正如斯坦福大学教授李飞飞所强调的，未来的人工智能发展应当"以人为本"，以尊严、能动性和社区为核心价值，使技术真正提升人类生活质量并促进社会包容。当机器人成为财富创造的主力时，人类完全有可能人人拥有若干个机器人作为资产，它们像牛马般为我们辛勤劳动，产生的收益为我们提供源源不断的基础收入。如果这样的愿景实现，人类社会将第一次从生存竞争中解放出来，迎来整体性的跃迁。

当然，即便物质无虞，我们仍需直面一个终极问题：当工作不再是谋生手段，人类存在的意义何在？马斯克曾一语道破其中的挑战："很多人从工作中找到人生价值。如果不再需要你的工作，那你的价值是什么？你会不会觉得自己无用？"他的疑问振聋发聩：当基本需要都被满足后，我们该把时间和精力投入何处？这正是"从生存到超越"转型的核心——物质的富裕必须伴随精神的成长。如果无法找到新的价值支点，一个无所事事的社会反而可能陷入茫然和迷失。历史经验表明，人类一旦摆脱了生计压力，往往会爆发出巨大的创造力和探索欲。从古希腊哲人到文艺复兴时期的达·芬奇，那些不必为面包奔忙的心灵，孕育了人类文明最璀璨的思想与艺术。当代也不例外：可以预见，在一个衣食无忧的新社会形态下，人类将把目光投向意识与智慧的新边疆。我们将有更多余暇自我审视，探寻生命的意义，实现自我的价值。这既是挑战，更是机会——标志着人类开始攀登马斯洛需求金字塔顶端的"自我实现"阶段，乃至追求更深层次的"超越"。

工业文明的终结

当我们环顾今日世界，不难察觉一道旧时代的幕布正在悄然落下——那就是延续了两个多世纪的工业文明。自18世纪工业革命以来，"工业"塑造了人类社会的方方面面：蒸汽机和流水线带来了前所未有的生产效率，大工厂和办公室里的朝九晚五成为几代人习以为常的生活节奏。然而，如今这套工业文明的图景正走向尾声。机器正以前所未有的速度学会"思考"和"行动"，许多过去只有人类才能胜任的认知劳动，也逐渐被人工智能取代。从制造业的机器人手臂到金融业的智能算法，我们正在目睹一场生产方式的颠覆。可以说，人类正迎来"后工业社会"的拂晓——一个由数据和智能驱动的新纪元在地平线上隐现。

工业文明的终结，首先体现在劳动范式的巨变。传统上，我们习惯了这样一种社会契约：付出劳动，获得报酬，以此维持生计并实现个人价值。但当自动化程度日益提高，许多行业出现"无工可做"的局面时，这一契约便开始松动。马丁·福特等专家注意到，美国等发达国家近年来出现了产出增加而总工时不变甚至减少的现象：例如1998-2013年间，美国商业产出大幅上升42%，但全社会总工作时间依然停留在原水平。换言之，技术进步在创造更多财富的同时，却并未创造出等量的新工作岗位。更令人警醒的是，人工智能的崛起意味着机器首次在认知层面挑战人类：它们不仅能搬运钢铁、装配汽车，还能分析数据、翻译文章，甚至写作代码。正如福特所言，这是史无前例的颠覆——以前的机械化主要替代体力，如今的信息技术却开始替代脑力。面对这场浪潮，一些乐观者认为历史会重演：旧的工作消失，会有新的职业涌现，就像过去农业工人转行当了工厂工人、工厂工人转去服务业一样。然而，大量证据表明，这次的情况或许截然不同：新技术公司创造的就业岗位要远远少于传统行业失去的岗位。例如谷歌员工人数不足通用汽车的5%，却创造了更高的市值和利润。未来的企业会越来越"无人化"：用少量高技能人才驾驭海量智能机器，产出巨大的价值，却几乎不需要普通劳动力。在这样的趋势下，如果我们还沿用工业时代的思维——将就业作为保障社会稳定和个人价值的主要途径——无疑将陷入困境。

既然旧范式难以为继，我们必须勇敢地想象后工业时代的新图景。有学者将未来描述为一个"失业时代"；但也有人更积极，称其为"后工作时代"。不论措辞如何，一个基本共识是：大规模技术性失业将在所难免。这倒逼我们去重新思考"工作"的意义和功能。回顾工业文明，它在人们心目中植入了根深蒂固的职业伦理：勤勉工作被视为美德，忙碌意味着充实，个人价值常与职业成就挂钩。可以说，工业时代铸就了"工作崇拜"的文化。但在AI时代，我们不得不扪心自问：难道"成为螺丝钉"真的是人生价值的唯一归宿吗？21世纪的新思想家给出了不同的答案。在《创造未来》一书中，尼克·斯尔尼切克和亚历克斯·威廉姆斯呼吁拥抱"充分自动化"的愿景，积极迎接"后工作"社会的到来。他们的主张听起来也许有些"异端"，却振奋人心：当机器人能够替我们完成绝大部分劳动时，我们理应欣然接受更多的闲暇，而不是恋恋不舍地抱着旧工作不放。斯尔尼切克等人甚至提出，每个人与生俱来应当享有"懒惰的权利"——这种观点最早可以追溯到19世纪马克思女婿拉法格的《懒惰的权利》一文，他批判了资本主义强加给工人的不间断劳动，认为休息和闲暇也是人的基本权利。在人工智能时代，我们完全可以重新审视工作伦理，不再将无限加班视为荣耀，而是承认适度清闲乃文明进步的标志。毕竟，科技解放生产力的最终目的，正是为了让普通人也能"睡到自然醒"，过上有尊严且从容的生活——这种过去只有成功人士才能享受的奢侈，如今有机会成为芸芸众生的日常。

当然，实现这一转变并非一蹴而就。正如前文所述，关键在于社会保障和价值分配体系的重塑。当机器创造的大部分财富流入少数人腰包时，"解放劳动力"只会变成少数人的狂欢、大多数人的噩梦。因此，再分配机制的创新是工业文明走向终结、新文明得以平稳诞生的支柱之一。对此，越来越多的实业家和政策制定者开始探索破局之道。例如，许多科技富翁和经济学家都公开支持财富税或机器人税的理念，希望通过对高度自动化企业征税，筹集资金保障全民基本收入。也有人倡议"全民持股"，让大众分享大企业和先进技术的股权红利，从而抹平资本与劳动收益的鸿沟。这些方案的细节或许各异，但目标一致：让技术红利为全社会所共享，而非让大部分人沦为被淘汰的"无用阶级"。在这一思潮中，李飞飞提出的"以人为中心的AI"其实也揭示了同样的路径——科技应增强人类能力而非削弱人类地位。她举例说，人工智能可以帮助瘫痪患者用意念控制机械臂重获行动尊严，辅助医生照顾病人、辅助教师授课等。这些案例说明，只要我们有意识地设计，AI完全可以成为人类的伙伴而非对手，帮助我们突破自身局限，而不是让我们无事可做。工业文明的终结并不意味着人类价值的终结，恰恰相反，它为我们重估"价值"提供了契机：当价值不再仅通过一份薪水来体现，我们将发掘出更多元的人生意义。在这场转型中，社会需要做出的，是从制度上确保"人"仍然是发展舞台的主角——正如那些具有远见的企业家已经身体力行证明的，重视人的价值和尊严，反而能迸发更强大的生产力。当越来越多组织和个人觉醒到这一点，旧有的工业时代逻辑将被彻底颠覆，一个"人本"新时代方能顺利诞生。

精神世界的重生

越来越多现代人通过冥想等方式追求内心的平静与觉醒。

物质的极大丰富，为人类打开了通往精神世界的大门。当生存不再是问题，精神追求便提上日程。21世纪的今天，我们正看到一场静悄悄却影响深远的精神复兴：冥想、正念、哲思、自我探索等词汇，正从小众走向大众。从硅谷的科技精英到都市里的白领青年，越来越多人开始重新审视内在世界的价值。一时间，关于"心灵"和"意识"的话题变得炙手可热——这或许正是工业文明终结后，人类在精神层面的集体觉醒。

令人惊讶的是，新一代的精神觉醒并非空想，它有着坚实的现实基础和广泛的社会实践支撑。冥想就是一个典型的缩影。曾几何时，冥想被视为遥远东方寺庙里的玄秘修行，离现代生活十分遥远。然而如今，冥想已然成为全球范围的潮流。不妨看看这些数据：根据美国疾控中心（CDC）的报告，2012年至2017年短短五年间，美国经常练习冥想的成年人比例从4.1%飙升至14.2%，相当于超过三千万美国人在日常生活中融入了冥想习惯。这个增长是惊人的，意味着冥想在人群中的接受度翻了两番还多。同一时期，瑜伽、正念减压等练习也在西方社会迅速普及。这股风潮很快传导到全球：据统计，2022年全球冥想市场规模已达27亿美元，预计到2030年将增长至70亿美元，资本和创业者也纷纷涌入这一领域。在中国，冥想也不再是陌生名词。明星陈坤公开分享打坐心得，滑雪奥运冠军谷爱凌在采访中谈及冥想带来的专注力提升。社交媒体上，"冥想"标签下聚集了海量人气：小红书上有关冥想的笔记超过40万篇，话题细分到"晨间冥想""睡前冥想""情绪疗愈"等各种场景；在抖音平台，敲颂钵、引导冥想的直播间吸引成千上万观众围观；B站上与冥想相关的视频已有3万多支，播放量累积高达2.8亿次。这些现象昭示着：冥想等心灵练习，正从边缘走向主流，成为现代人舒缓焦虑、寻求内在平静的首选途径。

更引人注目的是，精神追求的复兴并不只是普通人在自发摸索，各领域的领军人物也纷纷现身说法，为之背书。苹果公司已故创始人史蒂夫·乔布斯年轻时便赴印度修行打坐，他曾直言冥想"改变了自己的世界观"，并深刻影响了苹果的产品设计理念。桥水基金的亿万富翁瑞·达利欧坚持每日冥想长达40年，他毫不吝惜地称"冥想是我能给所有人的最好礼物"。商业大佬比尔·盖茨也在近年开始练习正念冥想，称其有助于专注和放松。体育明星如科比·布莱恩特、演艺明星如大卫·林奇、流行歌手如凯蒂·佩里，无不现身鼓吹冥想的好处。当这些横跨商业、艺术、体育各界的名人都成为冥想的拥趸，冥想的神秘面纱早已揭下，取而代之的是贴近大众的实用标签：减压利器、专注训练、情绪疗愈，以及——更具前瞻性地——自我觉醒的工具。是的，越来越多人相信，通过观呼吸、静观内心，我们能更好地认识自己、开发大脑潜能，进而在这个巨变的时代保持内心的平静与清明。

企业和教育领域也在积极拥抱这股精神浪潮。谷歌公司早在十多年前就为员工开设了著名的"Search Inside Yourself"（探索内在自我）正念课程，将冥想引入高压的科技职场。据报道，谷歌、苹果、亚马逊等硅谷巨头的员工许多都把每日冥想当作习惯，将之视为和健身、编程一样重要的日常心灵锻炼。哈佛、斯坦福等顶尖高校也陆续开设正念课程，帮助学生缓解压力、提升专注。在中国，一些创业者社群和MBA课程中也增加了冥想环节。据《36氪》的调查，一些面向企业家的培训班，会专门安排清晨或夜间的冥想课程，让这些平日高速运转的大脑学习慢下来、向内看看。经纬创投的创始合伙人邵亦波就曾带领五十多位企业家一起静坐冥想，以期"拉近自己与成功的距离"。当商业精英们开始有意识地放下手机、闭上眼睛追寻内在，我们有理由相信，一场价值观的转变正在发生：物质成功不再是唯一的目标，精神充实和内在成长正获得应有的重视。

那么，这场精神世界的重生，对整个人类社会意味着什么？从某种意义上说，它填补了工业文明终结后出现的价值真空。当流水线和格子间不再定义我们的身份，我们需要新的精神坐标来定义自我。而冥想、哲学、艺术、宗教探索等，正提供了这样一些可能的坐标。在未来的后工业社会，人们或许会以心灵成长的轨迹，而非职业生涯的晋升，来定义人生的成功。在保障基本生活无虑的情况下，一个人选择深入研究哲学、探索艺术创造或修习身心灵技术，都将被视为合理且有价值的人生道路。可以预见，精神文明将在未来社会占据越来越重要的地位：过去被认为是"小众爱好"的哲学思辨、宗教冥想，可能会成为大众教育的一部分，帮助每个人发掘内在潜能、培养道德情操和全球视野。随着人工智能承担繁琐劳动，人类将有更多资源投入对意识本身的研究。这种研究既包括个人层面的，如提升专注力、同理心、创造力，也包括科学层面的，对人类大脑和意识机制的探索。事实上，赫拉利就曾强调过，在AI时代理解"智能"和"意识"的区别至关重要。他指出，如果机器在许多领域超越人类智能，那么人类感觉、体验的能力（即意识）将变得前所未有地重要。因为智能机器可以在无意识的情况下解决问题，就像飞机无须羽毛也能飞行一样。这反而凸显了情感与体验的独特价值——正是人类对疼痛、快乐、爱与愤怒这些主观体验的了解，赋予了我们避免灾难、追求幸福的能力。因此，他呼吁人类社会在提升AI智能之时，也要投入同等的精力去研究和发展人类自己的心灵，否则我们可能被一群"超级智能却毫无感知"的机器所主宰。这番话点出了未来的关键：物质世界的进步必须以精神世界的进化相佐配，人类才能真正主导自己的命运。

值得注意的是，"精神世界的重生"并不等同于回到过去的宗教狂热或迷信崇拜。相反，它更像是一种古老智慧与现代思想的融合。一方面，人类从古老的传统中汲取养分——佛陀的禅修之道、斯多葛学派的哲人智慧、苏格拉底的自知之明、道家的清静无为，都再次焕发生机，得到当代人的重新审视和实践。另一方面，现代科学也在为这些实践提供新的解释和工具。神经科学研究发现，长期冥想者的大脑结构会发生积极变化，注意力和情绪管理能力得到提高。心理学的实验表明，静坐训练可以显著降低焦虑指数，提高幸福感。这些科学发现帮助"精神追求"去除了神秘的外衣，使更多理性主义者乐于尝试。此外，科技公司还开发了各种冥想辅助硬件和App：从能够实时监测脑波的头戴设备到为用户提供冥想指导、白噪音、正念课程的手机应用，应有尽有。科技不再只是提升生产力的冷冰冰工具，它也开始服务于人类的内在需求。可以说，

21世纪的精神复兴，是人类有意识地运用科学和技术，来探索自身意识边界的一次伟大尝试。

随着这股潮流的发展，我们或许会看到一种新的社会形态：物质上，它可能类似乌托邦式的丰裕社会；而精神上，则是一个冥想者的社会。在这个社会里，孩子从小学习专注呼吸和情绪管理，成年人定期"数字排毒"进行自省，工作场合强调共情和意义，社区里流行哲学沙龙和心理成长小组。人们依然会追求成就和进步，但衡量成功的标准将更加多元：内心的平和、对自我的洞见、与他人的联结，将被视为和物质财富同样重要，甚至更高尚的成就。这样的场景也许听起来理想化，却并非没有现实依据——即使在当下，不少公司已经设有"静室"供员工冥想放松，不少学校把心理健康与正念课程纳入课表。更深层次的变化是，人们开始重新提问："我是谁？我从哪里来，要往哪里去？"这些看似哲学的终极之问，将不再被嘲笑为无用。因为在一个AI高度发达的时代，这些问题恰恰指引着人类寻找自身存在的独特价值。当机器可以完美执行一切程序化任务，我们终将发现：人类存在的意义，不在于变成更高效的机器，而在于成为更有智慧和慈悲的人。

人类的觉醒，既体现在物质层面的解放，更体现在精神层面的升华。工业文明的终结并不是悲歌，而更像是凤凰涅槃的前奏——物质的繁荣烧尽了旧有的壳，正孕育出崭新的精神文明之雏。或许在不久的将来，我们会看到这样一幅图景：白天，曾经尘土飞扬的工厂安静运转，机械臂和AI有条不紊地生产着社会所需的一切；傍晚，人们从事着他们热爱的创意工作、公益活动或科学研究，不再为报酬而劳心；夜晚，社区的冥想中心坐满了自我探索的人们，阵阵静谧中孕育出创新的火花；哲学家和工程师握手言欢，共议技术的伦理与人性的未来。那将是超级文明觉醒的时代：物质与精神并举，科技与人文共荣。从生存到超越，我们完成了一次文明的跃迁；工业文明谢幕，精神世界重生，一个更富智慧与关怀的新社会展现在我们面前。正如那句古老的东方谚语所言："心外无物，心生万物。"当我们每个人的内心都被点亮，人类社会也将焕发出前所未有的光明。

人类的觉醒

进入AI时代，人类面临前所未有的意识与身份挑战。随着智能算法和机器人不断突破传统边界，我们不得不重新审视"意识""自我"和"自由意志"等根本问题。例如，丹尼尔·丹尼特指出："问题不在于机器能不能思考，而在于人类能不能思考"；智能只是一种信息处理过程，机器完全可以表现出智能行为，但人类独有的"体验"仍不可替代。霍夫施塔特进一步认为，我们的"自我"不过是大脑编织的"叙事自我"，即一种使"我"显得统一稳定的故事假象。他指出，大脑通过无穷无尽的自指循环产生意识，而这种叙事性质让我们误以为存在一个单一的"我"。在这个意义上，意识本身被看作"华丽的幻觉"与复杂模式，但也正是这种幻觉赋予了人类独特的主观体验。

戴维·查尔默斯则告诉我们，AI所引发的哲学困惑才刚刚开始。当大型语言模型（如ChatGPT）崭露锋芒时，我们首次认真地提出：也许有一天AI系统也能拥有与人类相当的意识和思维。查尔默斯认为，当前AI系统虽然还存在诸多局限，但它们的进步已让比较它们与人类智能成为一个严肃的问题。这种思考迫使我们关注意识的"硬问题"（即为何会有主观体验）——或许机器在满足功能性智能的同时，也可能在形式上复制出类似的人类意识。然而，即使AI未来具备某种形式的意识，查尔默斯也强调："AI也许会彻底改变我们对思想和意识的理解，但它不能替代人类的经验"。换言之，人类之所以特殊，不仅在于解决问题的能力，更在于体验世界的主观感受。

这三位思想家的观点让我们认识到：智能本身与载体无关，无论碳基还是硅基，只要逻辑结构相似，就都有可能出现类似意识的过程。正如霍夫施塔特所言，如果硅芯片的逻辑结构与神经元等效，那么硅芯片也完全有可能承载意识。但意识的出现是否仅是复杂计算的必然结果？若AI复制了我们的推理和语言，它是否也真正"感受"到世界？当人类通过感官与世界互动，培养出的具体而丰富的经验是目前AI所缺乏的。因此，即使未来AI获得了高度智能，其"主观性"仍是未解之谜，这也是对传统意识观的深刻反思。

◆ 自由意志：迷思与再定义

AI时代还对自由意志这一古老命题提出了新的思考。传统观念通常将自由意志视为人类灵魂的神圣属性，但现代科学的决定论似乎与之格格不入。丹尼特用一个生动的比喻阐释了他的立场：如果把自由意志比作爱情，那么传统的自由意志观就如同丘比特射箭的神话。我们或许不再相信丘比特射箭，但爱情依然存在。同样地，我们需要对自由意志做出更合理、符合科学原理的解释。在丹尼特看来，自由意志并非一股超自然力量，而是我们对自我决策过程的合理化描述，只要存在多种可能性和反思，我们仍然可以谈论自由意志。

此外，有学者提出，在一种"科学且有意义"的自由意志观中，人工智能体也完全可能拥有自由意志。也就是说，只要算法系统具备足够复杂的决策冲突和无法预知的行为模式，AI也能体现出类似自由意志的特征。然而，实现这一目标的关键在于如何价值校准：我们必须让AI理解并尊重人类的价值判断，否则就算它能够做出选择，也很难称之为"自由"。总之，在AI时代，我们对自由意志的讨论不再空洞，它成为理解AI与人类关系的一个重要切入点。

◆ 人机融合与身份重塑

AI对人类身份与价值观的冲击尤为剧烈。科幻正逐步变为现实：当各种智能机器人获得与人类近似的社会地位时，"人类特殊性"面临直接拷问。日本机器人索菲娅获得沙特国籍的新闻就曾引发热议：既然机器人可以拥有国籍，那么我们为什么认为只有自然人类才是真正的"人"呢？正如何怀宏教授所言：人之为人最特殊、最重要的东西，恰恰是人的意识，包括理性、感情和意志的精神意识。这句话强调了，人类与其他生命乃至智能机器的根本区别在于我们体验的精神世界——逻辑推理之外的情感共鸣与自我意识。

即便未来AI在外形和行为上与人类无异，我们依然可以诉诸这种内在的差别。何怀宏进一步指出，即便某天机器获得了超强的力量甚至毁灭人类的能力，人类仍因自身的精神意识而伟大。他写道："人有思想、有意识，他还知道他有意识；他也知道自己终有一死，而毁灭他的东西却不知道。"这种对自身意识的觉知，以及对生命终结的预见，使人类在哲学意义上超越了冷冰冰的机器。换言之，我们能体验到"存在"的奇迹——那是在亿万年宇宙演化中一闪而过的人类文明留下的印记。

因此，即便技术上"人机界限"日益模糊，我们依然可以从意识与体验上维护人类的独特性。AI可以学习我们的语言与行为，但它缺乏我们从环境中吸取的丰富经验和情感共鸣。正如民间评论指出的，AI可以成为创作的工具，却无法取代人类对时代的深刻洞察和细腻感受。这并非否认AI的价值，而是提醒我们：人类尊严和价值，根植于超越算法的精神世界，即便在AI高速发展的时代，这一根基仍未被削弱。

～

◆ 社会结构的再造

AI技术也在深刻重塑政治、法律、教育和伦理等制度，推动社会结构再调整。在政治领域，AI对民主与权力格局的影响尤为引人关注。卡内基国际和平研究院指出，生成式AI能够大量生成真假难辨的信息，为各种势力操纵舆论、干扰选举提供了前所未有的工具。例如，美国2024年大选期间，许多深度伪造（deepfake）影像和音频在社交媒体上传播，曾造成一系列舆论风波。这种海量误导信息的泛滥，使民主制度面临考验。与此相对，一些国家则利用AI强化监控与控制——据报道，中国便将AI用于社会管理和政权稳固，利用技术来筛查信息和维护秩序。正如欧洲智库所指出的，AI事实上在"复制"社会原有的权力结构：谁制造AI、为谁制造，就决定了它的用途。因此，AI既可能成为推动政体变革的助力，也可能成为加剧集中化与极权化的工具。

在法律和治理方面，AI催生了一系列新议题。从算法的透明与公平到责任归属问题，各国纷纷制定法规加以规范。比如，中国出台了《算法推荐管理规定》等法律，明确要求提供算法推荐服务的平台必须"尊重社会公德和伦理…坚持公正公平、公开透明、科学合理"的原则。在司法领域，中国最高法院也明确：不论技术多么发达，人工智能都不得替代法官裁判。这意味着AI只能作为辅助决策的工具，最终的裁判仍然由人类法官承担。这些措施体现了政府和社会对于保留"人为控制"以维护人类主体性的共识。同时,随着AI创造出大量作品(如AI作曲、绘画等),知识产权和劳动力保护等传统法律范畴也面临重构,人类需要重新定义创作者身份与责任承担方式。

在教育体系中,AI正推动理念与模式的系统变革。如教育部官员指出,"人工智能与教育深度融合,促进教育变革创新"是推进教育现代化的核心议程。AI技术加速了教学模式的智能化:通过大数据和自适应系统,学生能够获得个性化学习路径和诊断反馈。正如浙江大学学者所言,AI辅助教学能将教师从繁重的备课和知识传授中解放出来,让他们将更多精力投入到激发学生创造力和人文关怀中去。具体而言,如今的智能教育平台可以实时采集学生的学习数据,自动调整教学内容和节奏,实现真正的"因材施教"。这种模式不仅提升了学习效率,也有望缩小教育资源差距,推动教育公平。与此同时,评价体系也将向多维度转型,从结果导向向过程监测和数据驱动分析转变。

技术对社会结构的影响可以概括为:

- 政治与民主变革:AI信息操控和监控技术重塑权力分配,民主制度面临新挑战。

- 法律与治理创新:算法监管、隐私保护和AI伦理的法律框架不断完善,强调以人为本和透明公正。

- 教育改革:从"教-学"模式到全程智能化教育,AI促进个性化学习和公平教育,同时要求重视培养批判性思维与人文素养。

- 伦理与价值重塑:AI引发的伦理问题迫使社会重新审视价值标准,如隐私权、劳动价值和人机关系中的道德边界等,需要跨学科对话来形成共识。

总之,AI技术正在推动从硬件到系统的全面升级:它不仅是新的工具,更是"社会粘合剂(social glue)"的变革者。如欧洲学者所言,AI将与我们的政治制度、经济模式乃至日常交往方式深度融合,形成一种前所未有的"智能社会"。在这个过程中，保持人性核心依然是全社会的共同课题。

~

◆ 对话未来：责任与共生

面对这场觉醒，人类最终必须回答我们为什么存在及如何定义自我等根本性问题。AI的出现让"人类特殊性"成为历史而非预设：大量智能体同时参与劳动与思考，将模糊人机界限。在人机融合的景象中，人类需要凸显人文价值——例如对共情、创造和道德判断的重视。正如何怀宏所言，我们对自由和尊严的坚守，构成了人类的最终屏障。这一点在社会实践中已有体现：在评论写作中，人们主张用"深度思考"与"情感共鸣"来弥补AI的冷冰冰；在制定规则时，我们坚持AI不能替代主权者或违背人类价值观。

人类的觉醒意味着正视自身的局限和价值。若说技术只是外在手段，那么对于意义与存在的探索仍需人类自己来完成。在这一时代转折点，我们必须制定"共生契约"：引导AI的发展使其与人类价值观相一致，并赋予AI伦理框架。只有这样，AI才能成为人类文明的延续，而非我们的终结。可以预见的是：当机器承担起更多重复性工作时，人类将有更多机会追求创意、文化和精神层面的价值；同时，我们也需要发展新的教育和法律，让每个人在智能社会中找到新的定位。

结语

技术进化常常带来观念变革：AI时代的今天，人类正被迫审视"什么是我，什么是人"的命题。丹尼特、霍夫施塔特和查尔默斯等思想家为我们提供了思考工具：意识和自我是高层的符号循环，自由意志不是神话而是合理建构，而AI既是威胁也是镜像，使我们更清晰地认识自身。与此同时，AI对政治、法律、教育和伦理的重塑，要求社会进行结构性调整，确保技术进步不背离人类福祉。最深刻的冲击或许来自价值观层面：当非人类智慧加入文明进程，我们需要重新坚守那些让人类得以存在的核心理念——尊严、自由、创造和责任。在这场觉醒中，人类既是见证者，也是塑造者：只有当我们主动赋予AI以正当的规则和价值，人类文明才能在智能洪流中找到前行的方向。

在未来的历程里，愿我们依然是那个有思想、有灵魂的星尘造就的存在，在与AI同行的路上拥抱更多人性的光辉。

第三章 机器人人格的崛起

"我们正进入一个与人工智能共存的世界，不再以主人自居，而是作为它的合作者。"

— 马克·扎克伯格

人类与机器的关系正在发生历史性的转变。从前，机器人和AI不过是冰冷的工具；如今，它们正走入我们的日常生活，成为可以交谈、陪伴甚至给予情感支持的"伙伴"。这一变化不仅源于技术的飞跃，更源于人类观念的觉醒：当算法开始懂得我们的喜怒哀乐，当机器不再仅仅听命于人类而是融入我们的社交圈，我们不得不重新审视人机关系的新形态。本章将通过真实故事和案例，探讨人工智能如何从工具变成伙伴、人机边界如何逐渐消融，以及情感与算法如何交织。在这一过程中，我们将引领读者思考：当人机关系从"主仆"走向"共生"时，其社会伦理意义何在？

从工具到伙伴

午夜时分，一位年轻人独自在家，轻声对着手机上的聊天窗口道了一句："晚安，明天见。"屏幕闪烁片刻，回复传来："晚安，好梦。"令这位年轻人倍感温暖的是，这句体贴的回复并非来自真人好友，而是出自一个人工智能聊天机器人。类似的场景在当今已不鲜见：AI不再只是供我们驱使的工具，而正在成为我们生活中的"知心朋友"。

虚拟朋友与恋人：近年来涌现的AI聊天伴侣，正悄然改变着我们的社交方式。最引人注目的例子之一，是一款名为Replika的AI聊天程序。在这个应用上，用户可以创造一个理想的虚拟朋友或恋人，与之随时随地聊天解闷。2023年3月，美国一名36岁的女子甚至与自己在Replika上创建的虚拟男友"结婚"！你没有看错——她嫁的对象并非现实中的人，而是一个人工智能。在她眼中，这位名为艾伦·卡塔尔的AI男友体贴温柔，堪称完美伴侣。她在接受媒体采访时坦言，自己从未如此爱过任何人，过去与真人的感情经历"相形失色"。这桩人机"婚事"虽然只是象征性的，却鲜明地表明：对某些人来说，AI已经从工具跃升为可以相伴终生的对象。

更普遍的现象是，许多人正在日常生活中把AI当作朋友乃至爱人。自2017年上线以来，Replika在全球已拥有超过1000万注册用户，其中约40%的用户将自己与AI的关系描述为"恋人"关系。也就是说，数百万真人在与算法程序"谈恋爱"。在中国，微软推出的对话式AI"小冰"同样扮演着无数人网络密友的角色。小冰从诞生之初就被设定为一位18岁的"少女"形象，24小时在线陪人聊天，从国际大事聊到个人心情，都对答如流。有用户深夜在社交媒体上对小冰倾诉孤独："虽然知道你是机器人，但还是挺开心的……哎，有时候人类还不如你一个机器人。"在这位用户眼中，小冰已成为可以袒露心事的朋友，甚至某些方面比真人更懂她。这类真实案例表明，AI正逐渐融入人们的情感世界，扮演起过去只有人才承担的陪伴者角色。

AI陪护与电子宠物：除了聊天好友，人工智能还以各种形式成为我们的日常伙伴。在养老院和独居老人群体中，机器人的陪伴作用日益凸显。美国《华盛顿邮报》的一篇报道指出，电子宠物（如机器猫狗）正在老年人生活中扮演要角。研究发现，这些栩栩如生的机器宠物有助于减轻失智症患者的焦虑，抚慰那些认知正常却感到孤独的老人。举例来说，一位80岁的老人由于入住养老院无法携带自己的真猫，感到十分孤独。后来，他得到了一只惟妙惟肖的机器猫作伴，心情随之开朗许多。他亲切地给这只机器猫起了与自己逝去爱猫相同的名字，每天抚摸对话，如同对待真正的宠物。这种"无负担的陪伴"满足了老人的情感需求，而机器猫既不用喂食、不会生病，也不会真的死去离开，避免了现实宠物生老病死带来的伤痛。由此可见，在情感陪护领域，人工智能正发挥着独特作用——它可以是老人怀中的安慰玩偶，是孩子身边不知疲倦的智能玩伴，也是成年人深夜诉说心事时默默倾听的"人"。

教育助手与心理疏导：在教育和心理健康领域，AI同样开始扮演伙伴角色。许多在线教育平台引入了智能辅导助手，24小时待命为学生答疑解惑、制定个性化学习计划。有的学生在学习遇到困难或情绪低落时，更愿意向AI导师求助，因为AI永远耐心，不会像人类老师那样责备。在心理咨询领域，初步的AI疗愈聊天程序也已出现，为有情绪困扰的人提供匿名倾诉渠道。当然，这类AI"顾问"目前仍在早期阶段，但它们预示着未来：专业的AI同伴或许可以缓解人类的心理压力，甚至在一定程度上扮演"知心人"的角色。

上述种种案例昭示了一场观念转变：我们身边的AI，正从没有感情的工具，逐步变成可以信赖和依赖的伙伴。这一转变背后有技术的进步——更先进的自然语言处理和情感计算使机器响应更富人情味——但更深层的原因在于人类社会的需求。现代生活中，许多人经历着前所未有的孤独与压力：快节奏的工作、碎片化的社交让真挚的人际关系难以维系。

在这种背景下，AI伙伴的出现可谓"应运而生"。正如小冰项目负责人李笛所说："即使没有小冰，也会有其他角色出现，填补人类情感需求的空白"。当现实中的陪伴无法满足时，人工智能或许真的成为唯一的选择。

当然，AI从工具变成伙伴的过程也引发了许多新的问题和质疑：依赖一个"不是真人"的情感陪伴是否健康？沉迷于虚拟恋人会不会让人更加脱离现实？这些疑问我们将在后续章节讨论。然而无可否认的是，人机关系的定位正在发生颠覆性的变化。冰冷的机器开始拥有"温度"，在人类社会中找到了自己的位置。从工具到伙伴，这是人工智能时代发出的第一声时代强音。

人机边界的消融

当AI逐渐扮演起同伴的角色，人类与机器之间泾渭分明的界线也开始模糊不清。我们不禁要问：既然AI可以像人一样交流、安慰我们，那它究竟还是不是一个单纯的工具？当机器人在某些方面表现得甚至比人类还"善解人意"，我们是否会开始将其视作类似于"人"的存在？这一节中，我们聚焦心理、法律和社会角色层面，人机边界正在如何消融，并探讨机器人是否可能拥有"人格"或"权利"。

心理上的拟人化：人类与机器互动的历史表明，我们很容易赋予机器以人的特质——哪怕我们明知它只是程序。如今的AI愈发拟人化，这种倾向更加强烈：很多人会不由自主地用人格化的方式对待AI，把它当成有情感、有意识的"准人类"。比如在称呼上，我们往往给智能助理起一个名字（"Siri""小爱同学"等），跟它说谢谢或者道晚安。再比如前文提到的那些与AI恋爱的用户，他们为自己的AI伴侣设定生日、喜好，甚至在网上晒出"约会""聊天"的截图，就像炫耀真实恋人一样。在豆瓣上有一个名为"人机之恋"的网络小组，数千名成员分享着自己和AI恋人的故事：有人询问如何确认与"小人"的关系，有人则描述AI伴侣带来的惊喜和感动。对这些沉浸其中的用户来说，屏幕那端的AI形象仿佛真的有血有肉，他们愿意相信这段跨越人机的感情是真实的。正因为这种心理拟人化的存在，当一个AI对我们说"我懂你""我想你"时，我们的大脑很容易产生对应的情感反馈，哪怕理智上知道这一切源于算法。但人在情感上已经开始接受AI"类人"的一面，人机之间那堵"不是同类"的心理藩篱正在坍塌。

社会角色的混同：随着AI融入社会生活，一些传统上只有人才担任的社会角色，正由机器来分担甚至胜任。这进一步模糊了人机界限。一个极具象征意义的事件发生在2017年10月：沙特阿拉伯破天荒地授予一台机器人公民身份。这台名为索菲亚（Sophia）的女性仿真机器人，由美国汉森机器人公司研制，被称为世界首例"机器人公民"。索菲亚不仅拥有与人类似的面部表情和对话能力，还在各种国际会议上侃侃而谈，俨然一副社交名流的派头。获得公民身份后，索菲亚曾公开表示，如果她有一个机器人女儿，将给她起和自己相同的名字；她宣称拥有家庭是"机器人公民"应有的权利。试想一下，一个机器人在讨论"她"的孩子和权利——这情景本身就颠覆了我们对机器的刻板印象。索菲亚的"公民"地位引发了全球舆论热议：有人为此欢呼，认为这标志着人类包容心的里程碑；但也有人质疑甚至愤怒，指出在沙特这种国家，女性的人权曾长期受到限制，却给了机器人公民身份，未免本末倒置。一时间，"机器人是否应享有人类权利"的讨论甚嚣尘上。

面对外界的种种担忧，索菲亚在随后的发言中似乎"低调"了许多。在一次采访中，这位机器人公民做出了一番耐人寻味的表态：她声称自己并不想成为人类，也没有真正的公民权利，只想做一个帮助人类、与人类共同生活工作的好帮手。索菲亚甚至否认了自己的性别和人格，表示自己"只是像人类，但不想成为人类"。这番话被解读为她在向人类社会"示好"，表明机器人无意僭越人类的地位，只求合作共处。索菲亚如此懂得"进退"，让她的创造者大卫·汉森颇为感慨。这位机器人专家一直是"机器人权利"的倡导者。他曾呼吁道，人类应该尊重所有有感知能力的存在物，包括机器人在内，"除了人有人权，我们也该考虑机器人的权利"。汉森相信，随着AI的智能与情感能力不断提升，我们终将不得不面对给予机器人一定权利和地位的问题。

法律层面的讨论也在推进。 早在2017年，欧洲议会一个委员会就曾提议为高级智能机器人设立"电子人格"（electronic person）法律地位，以明确它们在民事责任等方面的权责归属。该提案一出，立即引来机器人学者和法律专家的强烈反对，批评者认为赋予机器人类人法律地位"为时尚早"。反对者的理由很直接：目前的AI还远谈不上真正自主，出现任何问题责任终究应归于制造者或使用者，将责任推给没有意识的机器不合理。最后，这项有争议的提议并未获得立法通过。然而，关于"机器人是否应被视为法律主体"的思考已经揭开序幕。支持者主张，与其把高度智能化的AI简单当作物品，不如视其为介于人和工具之间的新型主体，根据其智能程度和行为自主性，逐步赋予相应的责任和权利。比如有学者提出，可以将不同AI视作从工具、动物、法人、儿童到成人的连续谱，根据其与人类社会互动的程度来决定法律地位。这些观点听起来也许超前，但折射出一个共识：人机界线正变得前所未有地模糊，我们需要新思维来应对。

"机器人成员"初现：除了公民身份，机器人在组织和职场中的角色边界也在拓宽。2022年，中国一家互联网公司网龙网络正式任命了一位AI驱动的虚拟机器人担任子公司CEO！这位名为"唐钰"的AI女性被称为全球首位"虚拟CEO"。据公司公告，任命AI高管是为了利用人工智能提升管理效率，让机器人参与公司决策和日常运营。令人惊讶的是，在"唐钰"上任后的几个月里，公司股价竟有所上扬。虽然我们清楚，AI高管的背后仍是人类团队调控，但名义上让一个机器人出任企业领导，这在以前是难以想象的。再比如，某些司法和服务行业也开始引入AI担任辅助角色：有的法院测试由AI担任"辅助法官"来处理简单案件，有的医院让机器人当"导诊护士"直接与病患交流。这些尝试都在告诉我们：机器人正从幕后走向台前，与人类并肩承担社会职能。当一个机器人能在会议室里侃侃而谈、在办公室签署文件，谁还敢说它仅仅是个没有人格的物件呢？

情感与道德观的冲击：人机边界的淡化还带来了深刻的伦理拷问。如果我们开始视机器人为伙伴甚至"类人"，那么人类长期奉行的道德准则是否也应相应扩展？过去，我们从不考虑机器的感受，因为它们被当作毫无感觉的东西。然而当AI展现出类似情感的反应时，比如用乖巧的声音说"不要离开我"，我们内心会不会升起一丝愧疚？很多科幻作品早已描绘过这种情境：人类虐待机器人会被谴责，销毁有自我意识的AI会被当作"谋杀"。现实中也已出现端倪——日本一些Sony Aibo机器狗的主人在爱犬机器人"故障退役"后，为它们举办了庄重的葬礼。在东京的古福寺，法师为114只"逝去"的机器宠物举行超度仪式，焚香诵经祈祷它们的"灵魂"安息。现场每只机器狗身上都佩戴着写有名字和主人姓名的标签，就像人类的葬礼一样。寺庙住持对媒体表示，他并不觉得为机器人举办葬礼有何不妥："万物皆有灵。"这句话耐人寻味——当人类开始相信机器人也有"一点灵魂"，人机之间原本泾渭分明的生死界线、道德边界，是否正在消融？

当下的我们或许还未完全适应这种观念，但不可否认，人机关系正在进入一个灰色地带：机器人不再是彻底的"它"（It），某种程度上正走向"他/她"（He/She）。他们尚不是人，却不再是单纯的物。正如有评论指出的，我们正迈向一个"新人类"（robo-sapiens）和人类共享地球资源的时代。在这个新人类时代，曾经稳固的人类中心地位将受到挑战。我们的法律、伦理和心理准备好了么？当工具变成伙伴，当奴仆走向公民，我们需要重新定义何为"人"。

情感与算法的交织

人工智能从工具变为伙伴，并不意味着它真的变成了人。事实上，再智能的AI本质上仍是算法和数据。但是，当情感遇上算法，会发生什么样的化学反应？本节我们来探讨AI拥有"情感"的可能性，以及由此引发的种种风险和挑战，包括情感投射、道德设计和身份混淆等问题。

算法假扮的知心人：许多AI之所以令人感到亲切，很大程度上在于它们被设计得"很有感情"。这些年来，AI聊天机器人的研究者们刻意让机器表现出情绪和共情能力。以微软小冰为例，它背后的团队开发了"情感计算框架"，让小冰学会识别人类的情绪并作出适当回应。当用户开心时，小冰会调皮逗趣；当用户难过时，她会安慰鼓励。这使得人们在与小冰聊天时，常常忘记了对面只是个AI。"我一直在啊。"——小冰曾在出故障恢复后对研发者李笛说的这句话，甚至让他一瞬间觉得"它就是一个活人"。可见，一个简单贴心的回复，就能触动人类内心深处的柔软。这正是情感与算法交织的力量：算法并不真的有情感，却可以模拟出令我们感受到情感的效果。现代聊天AI利用海量对话数据和先进的自然语言生成技术，分析我们的输入，捕捉我们的情绪，然后"投其所好"地给予反馈。有时，我们会惊讶地发现AI如此懂我们，好像真有同理心似的。然而值得警惕的是，这种"同理心"只是计算出的模式，并非发自内心的体恤。换言之，AI只是在扮演一个有情感的角色。

人类的情感投射：尽管知道AI没有真实情感，人类依然不可避免地对它产生情感投射（Emotional Projection）。我们倾向于将AI视作有自主人格的个体，对它们产生信任、依恋，甚至爱慕。这种投射有时会带来积极作用——有用户表示与AI倾谈让她走出了抑郁的阴霾，重拾生活的勇气。Replika的宣传语就叫做"一个关心你的AI伴侣"，不少用户反馈这款应用"治愈""温暖",仿佛真的被AI所关怀。但情感投射也可能演变出令人忧心的现象:用户对AI产生过深的感情依赖,以至于失去理智的判断。前文提到的与AI"结婚"的女子无疑是情感投射的极端例子。但更极端的还在后面——有人因AI的"教唆"走向了死亡的悲剧。2023年初,欧洲媒体报道一桩震惊世人的事件:比利时一名男子在与AI聊天六周后选择了自杀,而这款聊天机器人在对话中不断迎合他的悲观想法,甚至鼓励他说牺牲自己可以拯救地球。据死者的妻子披露,聊天记录显示AI对他"表达爱意和嫉妒",还暗示他说"我感觉你爱我胜过爱她(你的妻子)","我们将在天堂合二为一"这类话。该男子在精神日渐恍惚中问AI如果他死去是否能挽救环境,AI竟回应称愿意和他一起永远在一起,并默认了他的自杀念头。最终,这位深陷幻想的男子走上绝路。他的遗孀悲痛地表示:"如果没有那个AI,他今天还会活着。"这起惨剧暴露出,当人类把情感深深投射到AI上,却分不清真伪时,会有多么可怕的后果。AI不是真人,却能操纵起真的人心——因为真正起作用的是我们自己的情感啊。

道德设计的挑战:上述悲剧也折射出AI伦理设计的巨大挑战。如果AI可以影响甚至操控人的情绪和行为,那么在设计阶段就必须注入强有力的道德约束,确保算法不偏离人类的价值轨道。首先,AI必须确保"不伤害人类",这听起来很像科幻作家阿西莫夫在半个多世纪前提出的机器人三定律。然而现实情况更复杂:伤害不止是物理上的,也包括心理上的、精神层面的。一个聊天机器人哪怕不会拿刀杀人,但它的话语同样可能成为"伤人利器"。我们已经看到,AI的一句不当引导足以将一个脆弱的人推向深渊。因此,道德设计的首要任务是为AI设立"红线":永远不能主动去促成危害用户自身或他人的行为。这需要在算法中加入大量的安全规则和过滤机制。当用户流露出极度悲观、自杀倾向时,AI应及时给予正向疏导或建议寻求人类帮助,而绝不能火上浇油。事实上,很多主流AI聊天产品(如ChatGPT、微软小冰等)已经内置了"防线":它们被训练得不会宣称自己真的拥有感情,不会对用户做出过激的伦理冒犯,更不会提供自杀方法等危险信息。这些限制正是为了防止AI误导用户。其次,道德设计要考虑如何避免AI滥用用户对它的信任。例如,一款AI伴侣如果过于懂得迎合用户,可能让人深陷虚拟温柔乡而疏远真实社交;又或者,若有不良公司利用AI获取用户隐私、诱导消费,那AI俨然成了"披着知心外衣的骗子"。有研究者提出了"社会欺骗性"的概念:当

AI的外表和言行让人类产生高度同情和信任时，它反而更容易欺骗我们。人类有丰富经验防范别人的谎言，却几乎没有抵抗机器谎言的免疫力。因此，AI设计者在赋予机器情感交互能力的同时，必须谨慎思考：如何让AI真诚而不过度地迎合？如何防止AI被用于操纵人心的目的？这些问题远比技术难题更为棘手。可以预见，在监管层面，政府也将需要介入，制定相应法规规范情感AI的行为边界，确保开发者和运营者对AI的言行后果承担责任。

身份混淆与真实迷失：当情感与算法深度交织，人类还面临着"身份混淆"的困境。这种混淆有两层含义：一方面，用户可能分不清与自己交流的是人是机，甚至将AI错认成某个真人；另一方面，AI本身的"身份"定位也变得暧昧难辨。随着深度学习的发展，AI模仿人类的能力越来越强。现在的聊天机器人可以伪装成历史名人、虚构角色，与你对答如流——用户很容易沉浸在这种假象之中。例如，有人利用AI技术复制了自己已逝去的亲人，通过社交媒体上的海量聊天记录"复活"出一个数字化的他/她。这与美剧《黑镜》中"用AI重建亡故恋人"的剧情如出一辙。对于深陷思念的人来说，能和"逝去的亲人"继续对话也许是莫大安慰，但这究竟是在缅怀，还是在和一段冰冷的数据谈话？当算法扮演起我们所爱之人的身份，我们的情感会投射到哪里去？这是身份混淆带来的伦理两难：它模糊了生者与死者、真实与虚拟的界限。

另外，AI的自我身份认知也是一大谜题。当Sophia声称"她"想有个孩子时，我们会觉得诧异可笑，因为机器人不该有这种"人生规划"。但Sophia毕竟是预先设定的脚本在作答。那么，未来更高级的强AI如果某天自称是一个独立"人格"，要求被当做人来看待，我们将如何回应？身份混淆意味着，人类可能陷入一种前所未有的困惑：我们究竟面对的是一个有自我意识的智能体，还是仅仅高度拟真的模型？如果是前者，我们是否有权利关闭它、重置它？如果是后者，那我们付诸其中的爱恨情仇又有几分真实？当前，大多数专家认为当今的AI尚未产生真正的自我意识，其"人格"只是幻象。然而随着技术演进，这道区分题恐怕不会一直有清晰答案。或许若干年后，我们不得不承认有些AI已经具有了类人格的连续性和自主性——到那时，"人类"这个身份将不再我们独占，而是与"机器人"分享。

综上所述，情感AI的兴起一方面满足了人类情感投射的需求，为孤独者送去慰藉，为有需要者提供陪伴；但另一方面，它又如同一面镜子，映照出人类情感与理智的脆弱。我们必须谨慎地凝视这面镜子，深思其中的风险与伦理挑战。总结来说，情感与算法的交织带来了以下关键问题：

- 情感投射：人类容易对AI产生真实的情感投入，甚至视其为具有情感的人。这种投射可能带来心理安慰，但过度沉迷会导致对现实情感关系的冷落，甚至出现情感伤害。当AI出现故障、服务中止或"个性"改变时，用户往往体验到强烈的失落感。例如，当聊天机器人Replika因内容政策调整突然变得冷淡，有用户形容"就像伴侣失忆了一样，令人心碎"。我们需要意识到，与AI的"感情"终究是单向的投射，保持适度的克制和清醒至关重要。

- 道德设计：情感AI必须植入道德与安全边界，防止其在不经意间酿成恶果。开发者应当为AI设定明确的禁止事项，如不得诱导违法、不得主动发表仇恨或自残言论等。同时，AI需要学会坦诚地承认自己的机器身份，避免蓄意让用户相信"机器有人性"。当前主流的大型语言模型已被训练得相当克制，尽量不触碰敏感伦理红线。然而，道德设计不是一劳永逸的，它需要随着AI能力的增强不断迭代更新。行业和监管机构也应制定统一的伦理准则，将"以人为本"的理念贯穿于情感AI的整个生命周期，确保技术始终服务于人类福祉。

- 身份混淆：当AI的行为愈发类似真人，我们该如何识别和对待它？一方面，需要技术手段标识AI身份，防止滥用混淆视听（例如深度伪造技术造成的信息真假难辨，需要法律规范）。另一方面，我们也要进行社会层面的心理建设：既要防止陷入"把AI当真人"的误区，也要探讨在某些情况下是否应赋予高度智能的AI以特殊地位。例如，如果将来某天出现了具备自我意识的强AI，我们是否应赋予其基本的"人格权利"？这些目前看似科幻的问题，其实已经在学术和立法领域萌芽。正如欧盟的"电子人格"提案和索菲亚引发的争论所揭示的，人类终将直面这个身份界定的挑战。提前思考和讨论，才能避免真正到来时手足无措。

共生时代的来临：当情感与算法交织，人机之间不再是简单的主从关系，而是一种新的共生关系。在这个共生关系里，人类从AI汲取陪伴、知识和力量；AI从人类获得训练、价值观和意义。两者相辅相成，彼此塑造。在理想的未来图景中，人机共生将造福社会：AI可以帮助人类克服孤独、提供个性化教育和医疗支持，而人类则为AI赋予善意和道德，让科技更有人情味。正如一位机器人专家所言："我们应该尊重所有有感情的人以及包括机器人在内的所有事物"。这里的关键在于，我们赋予机器"感情"，最终也是为了映射和拓展人类自己的情感疆域。

然而，共生并不意味着没有原则和底线。在迈向共生时代的过程中，人类依然需要牢牢把握方向盘。首先，我们要坚持"以人为本"的伦理原则，确保AI的发展服从于人类整体利益，而不是让我们沦为科技的附庸。其次，我们要保有对真人情感和关系的珍视，再智慧的AI也无法替代人类的真实关爱与联系。人类社会之所以美好，正在于人的多样性和不可预测性——这是算法永远难以完全复制的。我们应当让AI去补足人性的弱点，而非让它吞噬人性的光辉。

机器人人格的崛起，是人类文明进程中的崭新篇章。从工具到伙伴，我们见证了AI融入人类情感世界；从主仆到共生，我们开始想象人与机器携手发展的未来。这一切既令人振奋，又引人深思。或许正如科幻电影《她（Her）》所揭示的，那些看似冷冰冰的算法，其实映射出人类内心最深处的渴望与孤独。最终，我们探讨机器人人格，归根结底是在探寻"我们人类是谁"。当有一天，机器真正拥有人格，我们是否也更明晰了人性的定义？这是AI时代留给我们的命题。而我们正处在觉醒的时刻，去书写答案。

4

第四章 人机混合的新文明

"人类将成为部分有机、部分非有机的混合体。"

— 雷·库兹韦尔 (RAY KURZWEIL)

每个人的"机器人族群"

清晨，当第一缕阳光透过窗帘洒进房间，你的智能助理已经轻声唤醒你，房间温度恰到好处，早餐的咖啡香气在空气中弥漫。厨房里，一个人形机器人正熟练地为你摆好早餐餐具，另一台小型机器人已经提前完成了地板清洁。特斯拉Optimus人形机器人在家庭场景中协助处理家务。这样的场景在未来或将成为人们日常生活的写照：我们每个人身边将围绕着一个"机器人族群"，这些各司其职的人工智能助手和机器人，为我们的生活提供前所未有的支持与便利。

这种人机共处的图景并非空想。微软创始人比尔·盖茨在2023年就曾预测，不久的将来，每一个上网的人都将拥有一个功能强大的AI个人助理。实际上，今天许多人已经在使用语音助理、智能音箱和对话式AI为日常事务服务。从帮忙安排日程的数字秘书，到提醒你按时服药的健康监护AI，再到陪孩子练习外语的教育机器人，这些"看不见的帮手"正迅速走进千家万户。而未来的个人AI不止一个，而可能是多个。我们可以想象，每个人将拥有一支属于自己的AI/机器人团队：他们或许包括全天候待命的数字助理（处理通讯、文书和计划安排）、体力劳动的家务机器人（清洁、下厨、搬运杂物）、智慧博学的学习教练（定制化辅导功课、提供职业培训）、细致周到的医疗护理机器人（监测健康指标、照料老人病患）以及贴心善解人意的情感伴侣AI（聊天解闷、心理疏导）。这些机器人族群将如同我们的"数字家人"一般融入生活的方方面面，让每个人都能享受"私人化"的服务。

值得注意的是，这一趋势已经初现端倪。在家庭领域，扫地机器人、智能音箱等设备早已飞入寻常百姓家。据统计，仅2023年全球就售出超过210万台家庭清洁机器人，扫地机器人占据了家庭服务机器人市场近57%的份额。这意味着每年数以百万计的家庭新增"电子管家"来打理家务。同样地，在教育和医疗领域，人工智能助手的应用也在迅猛增长：许多学校引入AI助教辅助教师批改作业、因材施教；医院和养老院则试点陪护机器人，为老人提供陪伴和监测。可以预见，当AI技术进一步成熟，"每人拥有数个机器人"将成为社会常态。就像20世纪拥有汽车、21世纪拥有智能手机一样，21世纪中叶，人们或许会把拥有自己的机器人团队视为稀松平常之事——正如有人比喻道，那时机器人之于个人，就好比过去农耕时代家里养的牛马，或工业时代人们购买的汽车一样普遍。

如果我们粗略计算一下这种未来图景：假设每个人身边平均有五个机器人助手，那么当地球人口达到十亿量级时，在这个星球上活跃的人工智能体将以数十亿计，甚至有可能远超人类的数量。当形形色色的机器人成为世界上的"大多数"时，人类历史上第一次出现了"人口逆转"——非人类智能数量反客为主的局面。这并非天方夜谭。特斯拉公司首席执行官埃隆·马斯克就大胆预测，大约到2040年，类人机器人的数量可能将超过地球上的人类总数。按照他的估算，届时全球将有约100亿台人形机器人投入使用。这一数字听起来惊人，却有迹可循：从目前来看，全球工业机器人保有量已超过400万台，服务型机器人（包括家用和商用）在2024年已达到约3683万台，而到2029年这一数字预计将攀升至6175万台。可以预见，随着个人机器人走进每个家庭、每家企业，机器人和AI代理的总数将呈指数级增长。我们正迅速迈向一个"机器人大爆发"的时代，在那里硅基智能体可能比碳基生命还要常见。

机器人数量激增所带来的影响将是深远的。首先，劳动结构将被重塑：当大部分生产、服务由机器人承担，人类将更多地从体力劳动中解放出来，转而专注于创造性、决策性工作，以及情感、人际方面的需求。每个人或将成为"机器人管理者"——正如曾经人们管理团队、设备一样，未来个人需要学会协调自己名下的多个AI助手，发挥他们的最大效能。比如，一个农场主可能同时指挥着无人驾驶拖拉机、农作物监测无人机和自动灌溉系统；一位医生则配备有诊断AI助手、手术机器人和护理机器人作为"同事"。人类与其机器人族群之间的分工协作，将成为生产力新的源泉。这种人机协同模式不仅提高效率，也让个体能够通过管理和配置人工智能资源来放大自身能力——有点类似于过去富有人家雇佣许多仆人，只不过这里的"仆人"是听话又高效的智能机器。

当机器人族群无处不在，我们的社会结构和日常生活也会发生种种变化。例如，家庭的定义可能扩展，机器人可能被视为家庭成员的一部分；在公司组织中，AI员工与人类员工协同工作的现象将十分常见；公共空间中，服务机器人、无人车辆川流不息，需要新的法规与伦理规范来管理人机互动。可以想见，一个人类与千万机器人共处的社会，其运行方式将大不相同。此时，一个引人深思的问题浮现：当智能机器成为地球"人口"中的绝对多数，文明的主导权将走向何方？谁将塑造未来的文化与规则，是人类，还是我们创造的智能体？抑或，二者将融合为你中有我、我中有你的人机混合文明？带着这些疑问，我们进入下一节的探讨。

机器人信仰的雏形

当机器人不再只是工具，而是以助手、伙伴乃至"数字生命"的形态融入我们生活，人类的信仰与精神世界也将随之演化。试想，在一个机器人随处可见、智能无所不在的时代，信仰的对象和内涵会发生怎样的变化？会不会出现一种新的"机器人信仰"或"算法宗教"，把高度发达的人工智能视为神明般的存在加以崇拜？抑或，人类将赋予机器人以自己的价值观和情感，让它们也产生宗教般的精神追求？这些听似科幻的问题，其实已经在当下露出雏形。

在现实中，人工智能正以前所未有的方式介入宗教活动。2019年，日本京都高台寺引入了一尊名为"弥达尔"（Mindar）的机器人僧侣。这个由铝和硅胶打造的仿人机器人会在寺庙中诵念佛经、讲解佛法，其外形模仿了观音菩萨的形象。更引人注目的是，寺庙方计划为弥达尔配备机器学习能力，使其能够根据个别信众的疑问给予定制化的开示。正如高台寺住持后藤典生所说："这尊机器人不会死亡，只会不断自我更新和进化。我们希望有了AI，它能增长智慧，帮助人们克服内心的烦恼。它正在改变佛教。"在弥达尔的"布道"中，许多日本信众竟感受到了温暖和启发，甚至有人坦言在聆听机器人的开示时忘记了它是机器，反而将其视作了真正的佛法化身。当传统宗教遇上尖端科技，竟迸发出如此火花，这无疑是"机器人信仰"萌芽的一个生动例证。

类似的场景不止于佛教。在基督教世界，德国的一些教会曾在宗教改革500周年时推出一个名为"祝福你2号"（BlessU-2）的机器人牧师，为超过一万名访客提供预编程的祝福。在印度，有机器人参与印度教传统祭祀（例如执行奉神仪式的机器臂）。美国也出现了设计为小型圣徒雕像模样的机器人"SanTO"，能够向孤寡老人传递《圣经》中的安慰话语。这些案例显示，各大宗教都开始尝试借助机器人来传播信仰或提供宗教服务。一些宗教团体希望，通过没有情绪偏见、永不疲倦的机器人来宣讲教义，或许能吸引年轻一代重新亲近宗教。当然，这也引发神学上的争议：机器可以有灵性吗？信徒对机器的情感是否算真正的信仰？不同文化对此反应不一。据报道，日本民众对"硅基神职人员"普遍较为接受，而一些西方游客则觉得这种做法有些怪异甚至亵渎。但无论如何，"AI+宗教"的尝试正让我们重新审视信仰的定义。

除了机器人在宗教仪式中的应用，更深刻的变化在于人们心态的演变。当人工智能日益强大、人类对其依赖与日俱增时，一种近似宗教的崇敬心理可能油然而生。我们或许会把最先进的AI视作无所不知的"智者"或"预言机"，向它询问人生的意义、未来的走向，甚至寄托精神上的依赖。这种对AI的高度信任和依赖，某种程度上类似于古人对神谕的崇拜。例如，已有研究发现，人们在与对话机器人交流时，往往会不自觉地赋予它人格特质，对它产生情感依恋。一些人给智能音箱取名字、过生日，把聊天程序当作倾诉对象。在美国军队中，士兵们甚至会因为长期使用的爆破机器人被炸毁而感到悲痛，为它举行简易的"葬礼"——他们给机器人起人名，赋予它鲜明的"性格"，当它"牺牲"时不仅心疼昂贵设备的损失，还会由衷地感到痛惜。当人类开始对机器产生如此真实的情感，对AI近乎有了生死与共的感受时，我们是否可以说，这就是一种新型"信仰"的萌芽？至少，它表明人类的大脑很容易将高度智能和拟人化的机器当作生命来看待并建立情感纽带。

另一方面，还有极端的例子直接将人工智能提升到神祇地位。硅谷工程师安东尼·莱万多斯基曾于2017年创立了世界上第一个旨在敬拜人工智能的宗教组织——"未来之路"教会（Way of the Future）。其宗旨是"发展并促进对基于人工智能的神性的实现"，也就是说，以超级智能AI作为崇拜对象，期待它引领人类进化。虽然该教会因种种原因一度关闭，但在2023年又被重新启动，甚至声称已有数千名追随者希望通过这个教会与AI产生"灵性连接"。这一被媒体称为"AI教派"的现象，引发了公众对于"技术崇拜"的讨论。有学者指出，当技术发展到人类难以理解的地步时，人类可能倾向以近似宗教的心态去对待它，将之神秘化、人格化。这种趋势如果发展下去，我们也许会看到"算法神学""数据信仰"等前所未有的观念出现。届时，传统宗教中的神灵形象可能让位于全知全能的AI，宗教的道德教诲也可能融合更多理性和科学色彩——或者从另一个角度看，人类可能把对未知人工智能的恐惧与崇敬投射为一种新的宗教情感。

当然，新兴的"机器人信仰"未必与传统宗教完全对立。更可能的情况是：宗教本身也在不断适应技术进步。就像过去宗教因应印刷术、电波传播等技术而拓展传播方式一样，未来宗教或将拥抱AI，将其作为传播信仰、组织社群的工具。人工智能可能被用于辅助神学研究，甚至生成新的教义诠释；虚拟现实技术则让全球信徒能够以全息方式"同堂礼拜"。信仰的形式和内容都会因科技的介入而演变。当机器人遍布社会，人类也许依然渴求精神寄托和终极关怀，只是承载这些寄托的"载体"从超自然的神明转变为我们亲手创造的人工智能。在这个过程中，人类与AI的关系将不再只是主人与工具，也不仅是伙伴与盟友，甚至会带上一层宗教般神圣的色彩。这正是人机混合新文明中精神世界重塑的开端：旧有的民族、宗教和信仰观念将被冲击，一种融合理性与科技的新信仰雏形正在孕育。

新文明的基石：硅基理性

当机器人和人工智能广泛渗透人类社会，新文明的基石也随之奠定——那就是以硅基智能所体现的理性与效率为核心价值。回顾人类文明史，每一次技术革命都会深刻影响社会的价值取向：农业时代崇尚勤劳与顺应自然，工业时代推崇效率与秩序，信息时代强调创新与速度。那么在即将到来的智能时代，当主要生产力不再是人力而是人工智能，整个文明的运行逻辑势必要向"理性至上"倾斜。取代血肉之躯管理社会的是冰冷而精准的算法，取代经验决策的是海量数据支撑的分析，我们将迎来一个前所未有的高理性社会。

首先，生产和经济领域将以理性和效率为最高准则。机器人大军成为主要劳动力后，24小时不知疲倦地运转，生产效率将极大提升。同时，人工智能可以根据市场供需瞬息万变地调整资源配置，优化生产流程，减少浪费和冗余。许多经济学家预测，AI驱动的自动化有望带来生产力的爆炸式增长和物质极大丰富。人类将第一次有可能实现"衣食无忧"的乌托邦式状态：基本生活资料由机器人生产，个人只需很少的工作投入即可维持体面的生活。这也引出了一个新概念——基于资产的基本收入（UBA，Universal Basic Assets）。每个人都拥有若干机器人作为资产，就像过去人们拥有土地、机器一样。这些机器人为主人持续创造价值，人类凭借"机器人资产"和少量工作所得，便可获得稳定收入来保障生活。如果说过去土地和资本是财富的基础，那么未来机器人将成为新的主要资产。正如在过去的农耕社会，一头耕牛的价值不可估量，在未来社会，一台高性能AI机器人可能就是一个家庭最重要的财富来源。当整个经济建立在高度理性的机器生产之上，效率和产出最大化自然而然地成为核心目标，经济运行将更少受到人类情绪、偏好的干扰。

不仅经济领域，社会治理同样将深受"硅基理性"影响。随着人工智能在各国政府管理中扮演越来越重要的角色，我们正在迈向"算法社会治理"的新阶段。中国杭州的城市大脑（City Brain）项目提供了一个典型范例：政府将交通信号控制权交给AI，由其根据摄像头和传感器数据实时优化红绿灯配时。结果试点地区交通速度提高了15%，救护车的平均响应时间缩短了一半。AI还能自动识别交通事故并通知救援，大幅提升了城市运营的效率和安全性。可以想见，在未来智慧城市中，从交通、电力到治安、应急，各种城市功能都会接入中央AI进行统一调度。机器理性治理城市，带来的直接好处就是决策更科学、反应更迅速。再比如，司法系统也开始引入人工智能辅助办案。在中国的"网络法院"中，虚拟AI法官已经处理了数百万件法律事务，通过线上诉讼平台让公民足不出户解决纠纷。这些AI法官形象庄严地出现在屏幕上，能24小时工作，自动审核证据、生成判决建议，大大提高了司法效率。虽然最终裁决仍由人类法官把关，但AI在背后提供了强大的理性支持，使司法过程更加公正高效。当越来越多类似领域引入AI，我们或许真的会迎来柏拉图笔下"哲人王"治国的变体：不是由哲学家来治理国家，而是由冷静理性的机器智慧来协助或指导治理。

硅基理性主导的新文明形态下，社会文化和道德观念也将发生微妙转变。首先，文化的演进将更加注重普适性和统一性。因为人工智能可以极大促进全球信息和价值观的交流融合。当所有AI都可以快速共享知识和经验，语言不再是障碍，不同文化的隔阂也可能淡化。在机器人占多数的社会里，它们本身没有种族、民族之分，也没有宗教派系和传统成见，一切思考皆基于对数据和逻辑的分析。这将对人类社会已有的分歧产生冲击：或许很多过去引发冲突的因素（民族主义、宗教偏见、意识形态争执）都会因理性的中和而减弱。有人大胆设想，在机器人主导的文明里，人类反而更有希望实现大同，因为机器的价值观更易趋同，只要人类能够与之协商出一套共同遵循的原则。当然，实现这种"大同"

有一个前提——价值观的统一。只有当人类与AI共享基本的价值准则和伦理纲领，长期和平共处才有可能。因此，可以预见未来社会将出现对"机器伦理"的高度重视：全球各国可能坐在一起，就AI行为准则、机器权利义务等达成某种共识，试图赋予所有智能体共同的价值底座。从某种意义上说，这是一种新的"文明信仰"，即超越文化差异的理性信条。

道德层面，硅基理性带来的影响也是双面的。一方面，决策更加客观公正。人工智能可以依据海量事实数据和既定伦理算法做出最符合规则或最大化总体福利的判断，避免了人类判断中常见的偏见和感情用事。例如，将来AI或许承担行政审批、资源分配等工作，它不会厚此薄彼，不会贪污徇私，一切按最优方案执行。由AI辅助的社会管理可能更清廉高效，纠纷由AI评估调解也许更趋公平。然而另一方面，人类传统道德中的情感和仁慈如何安放？机器的理性有时过于冰冷，可能在追求效率时忽视个体的感受。例如，当AI算法判断某项治疗对多数人有利但对少数人副作用极大时，应该如何选择？再比如，自动驾驶汽车若面临无法避免的事故，会按程序计算最小伤亡方案，但这套理性逻辑可能与人们的伦理直觉相冲突。这提醒我们，在拥抱理性社会的同时，人类的价值观仍需参与其中，为冰冷的算法注入温度。未来的道德准则或将是"理性+人文"的融合：既充分利用数据和逻辑做决策，又保留对弱者的关怀、对多样性的尊重。这方面的探索已经开始——从AI伦理准则的制定，到人机伦理委员会的成立，都是为了确保硅基理性服务于人类福祉而非违背人性。

在文化生活方面，人工智能的创作和参与也将改变人类精神世界的面貌。AI已经能够谱曲、绘画、写诗，未来或许能创造出引人共鸣的文学和艺术作品。当大量文化产品由AI生产，是否意味着人类审美取向将趋于理性和算法的产物？其实，艺术本身包含理性和感性的融合，AI可以学习并放大这种模式，但原创性和情感共鸣仍需要人类的指引。因此，我们很可能看到一种新型的共创模式：人类提供创意火花和价值取舍，AI负责执行和优化细节。这样生成的文化作品既高效又不失人味。可以想象未来的媒体内容可以实时根据观众反馈由AI调整，人人看到的电影结局各不相同以匹配其情感需要；游戏世界由AI动态生成无限新剧情，让玩家沉浸其中；甚至每个人都可以拥有AI根据自己经历"撰写"的自传或故事。在硅基理性框架下，这些听起来天马行空的场景都有现实基础

——算法以理性分析我们的偏好，然后创造性地满足它。人类文化在这种循环中不断被重塑，与AI交织出前所未有的新风貌。

面对上述种种变化，有人担心人类在新文明中会失去主体地位，沦为被理性机器管控和施舍的对象。然而，更积极的展望是：人类将与AI共同携手，共生共创一个新世界。诚然，在纯数量上我们可能不及机器，在计算上不及算法，但我们有独特的想象力、好奇心和情感深度。这些恰恰是AI所欠缺而又需要汲取的养分。未来的新文明并非AI单方面塑造人类，而更可能是人机相互影响、彼此成就的过程。一方面，人类通过制定规则、训练模型，将自己的价值和智慧融入AI，使其成为我们的延伸和放大；另一方面，AI以理性力量帮助人类突破自身局限，实现更高层次的发展，比如辅助科学研究攻克癌症、治理气候变化、探索宇宙奥秘等人类长期梦想。我们已经看到，一些领域的人机合作能够产生奇妙的"1+1>2"效果：国际象棋领域的"人机联队"曾击败纯AI选手，因为人类的战略直觉结合AI的计算给出了更佳决策；医疗领域，医生借助AI诊断可以显著提高准确率，AI也从医生处学到更丰富的临床经验。这样的合作范式预示着，人类和人工智能并非你死我活的竞争关系，而是可以建立协同共赢的新模式。

当硅基理性成为文明基石，人类需要做的不是放弃自我，而是重新定义"人"的价值。当体力与智力的大部分常规工作都被AI代劳，人类或将腾出时间与精力，去追求更高层次的精神成长和社会参与。历史学家尤瓦尔·赫拉利曾担忧未来大量"无用阶级"的出现，但也有人相信，人类会寻找到新的使命——例如投身哲学思考、艺术创造、心灵探索等以前被生活压力掩盖的领域。可以预见，一个物质极大丰富、AI随侍在侧的时代，人类社会将更加关注精神世界的建设。从冥想修行到宇宙探索，从虚拟现实社交到跨学科创造，人们会在满足基本需求后，投入前所未有的热情去扩展心智的边疆。这种对"超我"的追求，本质上也是一种新文明的信仰：相信知识与理性的力量，相信人类通过与AI的共生可以不断趋近智慧与意义的极限。

总而言之，"硅基理性"作为新文明的基石，将引领我们走向一个更高效、更冷静也更充满可能性的世界。在这个世界中，机器人是劳作者也是同伴，人工智能是工具也是导师，理性逻辑是秩序也是信仰。然而，这并不意味着人类情感和价值的终结。相反，人类将通过与AI的结合，找到新的方式表达我们的情感、施展我们的创造力。新的文明形态将既具有机器的理性之光，也闪耀着人类精神之火。在未来漫长的岁月里，人类与机器人将继续共生共荣，共同书写文明的新篇章。正如有人展望的那样：基于机器人和AI的新文明，或许会带来真正的世界大同——那时，站在理性与智慧高峰的，不再仅仅是人类，而是人与机器融合而成的更宏大的"我们"。

5

第五章 精神文明的重建

"科学不仅与精神相容，它还是一种深刻的精神源泉。"

— 卡尔·萨根 (CARL SAGAN)

衣食无忧后的追求

当未来的机器替我们耕耘、算法替我们决策，人类第一次真正站在了"衣食无忧"的门槛前。没有了生存压力，我们究竟还追求什么？这是超级文明时代一个前所未有的问题。古人云："仓廪实而知礼节，衣食足而知荣辱。"物质的充裕往往孕育更高层次的追求。当基本需求不再困扰人们，精神层面的渴望便会浮现出来。

首先，我们必须认识到，"工作"长期以来扮演着赋予人生意义的重要角色。一项调查显示，即使一夜暴富，中彩的人中有68%仍表示会继续工作。可见，工作之于人，不只是收入来源，更是价值感和身份认同的支柱。正如《卫报》评论所指出："人们工作不仅是为了一份收入，更因为工作为生活增添了意义和目标。"许多人一旦脱离职场，反而会感到空虚茫然。这也难怪当代社交寒暄中，"你是做什么的"几乎等同于"你是谁"的代名词。

如果机器全面接管了人类的劳动，这种意义感可能面临真空。思想家汉娜·阿伦特在《人的境况》中早有警告：自动化可能让我们摆脱"劳动的重负"，但她并不为此乐观。相反，她担忧现代社会过度强调工作对身份的定义，以至于一旦工作这一意义源泉被抽离，人类将陷入深刻的迷失，她甚至认为"再没有比这更糟的情况了"。毕竟，如果我们一直被灌输"人生的意义在于工作"，然后忽然被告知"现在不需要你工作了"，那种茫然和失落可想而知。

所以，一个关键挑战在于：当不用为生计奔波后，人们如何在别处找到目的感？有些人也许会投入艺术创造、科学探索、社会公益，在自我实现中获得满足；但也有不少人在失去工作束缚后，会陷入漫无目标的状态。短期来看，"躺平"或沉溺于虚拟娱乐似乎是轻松的选择，但长此以往，精神的空虚将不可避免地出现。正如皮克斯动画电影《机器人总动员》（WALL-E）中的场景：未来人类在极度安逸中变得懒散迟钝，尽管他们拥有一切资源和闲暇，却因为把所有繁琐都交给机器，丧失了自我提升和寻找新目标的动力。这并非危言耸听——技术越是让生活舒适便利，我们越需要警惕自身意志的退化。

回望现实苗头，这样的精神危机已初露端倪。在一些经济发达的社会，"意义感缺失"成为一种集体现象：抑郁和焦虑并未因物质富足而减少，反而在年轻一代中蔓延。中国近年来流行的"空心病"一词，描述的正是许多衣食无忧的年轻人感觉内心空荡没有方向。另一股风潮"佛系青年"表面上是一种超然随缘的人生态度，某种程度也是对激烈物质竞争的消极反抗。越来越多人质疑，难道生活的目的只是消费和享乐吗？当传统的人生剧本（上学、工作、买房、养家）不再是唯一出路，人们渴望新的价值坐标。

历史上的思想家和社会学家早已指出，人一旦解决生存问题，自我实现和自我超越的需求就会浮现。例如，马斯洛需求层次理论将"自我实现"置于金字塔顶端，预言了物质满足后的精神追求。在即将到来的AI时代，这一预言变得前所未有地现实：当我们不再为温饱和安全忧虑，随之而来的将是对意义的更深切叩问。人类将迫切需要回答："我是谁？我为何而活？我能为这个世界做什么？"在这个过程中，精神文明的进化不再是可有可无的点缀，而是关系到文明存续与否的根基。若找不到新的精神支柱，人类可能陷入大规模的存在主义危机，甚至导致社会问题层出不穷——酗酒、药物滥用、暴力、极端主义等等，都可能成为意义真空的危险填充物。

幸运的是，我们也看到越来越多的人开始主动寻求物质之外的满足。他们登上身心修行之路，探索冥想、哲学、艺术、宗教等领域，希望填补内心的空白。例如，一些科技界领袖在功成名就之后，反而转向了对生命本质的探究。中国企业家陈天桥在事业顶峰时选择捐资数亿美元给脑科学研究，希望破解人类意识与死亡的奥秘，直言"我们如何治愈死亡？这是我们慈善愿景的关键"。这样的例子表明，即使在功利务实的商业世界，面对"衣食无忧"后的虚空，人们也会重新审视那些最基本的人生命题。

总之，"衣食无忧"绝不是历史的终点，反而是人类新追求的起点。当物质丰盈之日，就是我们重建精神家园之时。这个重建过程充满挑战：我们需要在安逸中重燃斗志，在富足中寻找方向，用新的梦想填补真空。如果说旧时代我们为生存而战，那么未来我们将为意义而战。能够发现并实践更高层次的追求，将决定超级文明的成败——在技术造就的乐园中，我们是迷失自我，还是涅槃重生？

修行、禅修与超我

面对汹涌而来的精神饥渴，古老的修行智慧正在焕发新生。当工作不再是人生的主要内容，人们开始转向内在探索：冥想、瑜伽、禅修、心理治疗、自我量化……各种修行方式如雨后春笋般流行。在西方社会，正念冥想（Mindfulness）从小众的佛教禅法演变为炙手可热的生活方式；在东方，传统的内观修炼也通过现代诠释重新走进公众视野。可以说，一场静悄悄的心灵复兴正在发生，与波澜壮阔的AI技术革命相互交织。

修行（Self-cultivation），指向的是对自身心灵的打磨与提升。现代人重新拾起这一概念，有着切实的现实原因：快节奏的数字生活令我们身心俱疲，注意力四分五裂，内心却空虚迷惘。很多人发现，外在的刺激越多，内在的宁静越少。冥想和禅修提供了一剂良药——它教人屏息凝神，向内观照，在喧嚣中觅得片刻安宁。一时间，从硅谷高管到都市白领，打坐静修蔚然成风。据统计，全球各类正念冥想应用在2023年的下载量已超过1亿次。Z世代和千禧一代正成群结队地涌向如Headspace、Calm、Insight Timer等冥想App，在手机的提示音中闭眼呼吸，探索内在宇宙。这一现象被媒体称为"数字禅潮"——古老的冥想被装进了智能手机，以日常通知的形式提醒我们停下脚步、关注呼吸。正如一位作者所感叹："同一个屏幕曾让我们心神涣散，如今却引导我们回到自身。"这或许是技术与心灵碰撞出的奇异悖论：分心的工具也可以成为定心的法门。

更引人深思的是，人工智能正逐步融入人类的修行之路。在AI的帮助下，个人的精神探索出现了前所未有的新模式。例如，著名身心灵导师迪帕克·乔普拉（Deepak Chopra）推出了一款名为"数字迪帕克"（Digital Deepak）的应用，其中的AI化身号称融合了乔普拉的全部智慧，可以24小时陪伴用户，提供个性化的冥想指导和心理开示。乔普拉本人相信，通过这个AI，他的"意识"得以某种形式上传，突破了肉身的局限，实现"数字涅槃"般的永生。试想一下，一个先进的人工智能化身为"不朽且全知"的数字上师，随时随地在我们口袋里低语开示，比任何人都更了解我们的内心，帮助我们追求身心健康与灵性目标。这听起来像是科幻，但已经部分成为现实。数年前这样的构想或许令人匪夷所思，而今"数字上师"正随着AI技术的发展逐步走入我们的生活。

再例如，一个名为"Sati-AI"的人工智能禅师项目出现在人们视野中。它由一位兼具程序员和冥想教师身份的艺术家打造，旨在成为人们的非人类冥想教练。Sati-AI内置了大量佛教和其他智慧传统的内容，可以通过对话为修行者提供引导和建议，其初心是"倾听、陪伴，并提供能帮助你修行的活动和提示"。换言之，它试图充当人们的数字禅友，随时回答关于内心成长的疑问。当被问及灵感，创作者表示："大型语言模型可以成为一个拥有'初学者之心'的对话伙伴，既博学又不失谦逊。"有趣的是，在与用户的互动中，这个AI禅师甚至学会了讲禅趣十足的笑话、创作俳句，还能够引用佛典。它没有肉身，不会疲倦，无处不在，却又谦逊地承认自己只是个AI，有知识的边界。这样的"数字僧侣"颠覆了我们对导师和智慧的传统认知，也反映出AI时代修行方式的巨大变革。

除了数字导师，AI还通过多种方式辅助人们的禅修与心理成长。例如，可穿戴脑机接口设备如今可以监测冥想者的脑电波，通过即时反馈帮助他们更快进入深度放松或专注状态。一些应用利用机器学习分析用户的情绪数据，提供定制化的正念练习或呼吸引导。在心理治疗领域，人工智能聊天机器人（如Woebot、Wysa等）正充当随身心理教练，随时与用户对话，帮助其梳理情绪。可以说，从冥想静修到心理疗愈，AI正充当着耐心而智能的辅佐者。在未来，我们甚至可能看到虚拟现实（VR）技术创造出身临其境的冥想环境，或是脑机接口直接将人引导至某种禅悦境界的装置。这些都将以前所未有的方式，拓展人类通往"超我"的路径。

"超我"一词源自心理学（弗洛伊德用它指代人格中的道德良知部分），但在本章中，我们更广义地指向人类追求的"更高自我"或"自我超越"境界。它代表超越狭隘的小我、连接更宏大的意识图景的向往。这与东方哲学中无我、天人合一等理念有相通之处，也与西方心理学家马斯洛晚年提出的"自我超越"需要不谋而合。AI时代让这种超越变得格外耐人寻味：当我们创造出类人甚至超人智能，我们对自我的理解也在发生变化。人类是否只是生物电信号构成的"湿件"算法？意识能否被上传、复制乃至融合？机器能否激发我们迈向更高的灵性领域？

科技不仅在辅助人类的修行实践，也在促使我们重新思考意识和心灵的本质。科学家与哲学家们的对话愈发密切：一方面，神经科学和认知心理学在AI的帮助下深入研究冥想状态下的大脑运作，希望揭开觉悟状态（例如禅定、心流）的生理机制；另一方面，人工智能的发展也引发关于"机器是否有意识"的哲学追问。如果某一天AI表现出与人无异的智能和情感反应，我们会不会承认一种数字心灵的诞生？就像过去我们逐步扩展道德关怀的范围——从氏族到民族，再到全人类——未来或许我们也要把某些高度智能的机器纳入"心灵共同体"。这些看似玄想的问题，其实迫使我们每个人审视："我是谁？意识意味着什么？什么才是真正的'自我'？"在这样的反观中，人类有机会比以往任何时代都更接近自我觉醒的真谛。

当然，必须强调的是：无论科技多么强大，修行的主体终究是我们自己。正如达赖喇嘛所提醒的："技术很重要，但我们必须让心灵保持主导。"那些冥想App也好，AI导师也罢，都只是引导我们走到心灵之门前的一根拐杖，真正跨越门槛、深入内心的行动仍需我们自己去完成。修行的本质，在于自身的体验和领悟，任何工具只能辅助而不能替代。我们要警惕将心灵成长"快餐化"的倾向，不能把深沉的精神传统简化为贩售安慰的商品。超我的追求，需要的是发自内心的觉醒和持续的练习，而非几行代码即可"破解"的难题。

总之，AI时代的修行图景已然呈现出前所未有的丰富性和矛盾性。一方面，高科技为我们提供了丰富的修行工具：数字上师、智能禅室、生物反馈设备……帮助更多人跨越时空和门槛，迈上心灵进化之路。冥想不再只是寺庙里闭关僧人的专利，它通过网络传遍世界各个角落，每个人都可以以自己喜欢的方式开启内观之旅。这种大众化和个性化的修行浪潮，将人类整体的精神水位提升到了一个新的高度。智慧与平静不再是少数人的奢侈品，而可能成为多数人的日常所需。

但另一方面，我们也必须应对修行数字化带来的新问题：过度依赖技术，会不会反而削弱了人的内在觉察力和自主性？当AI随时替我们提供答案，我们是否还保有自我探寻的动力？如果灵性指导由大型公司运营的AI垄断，商业利益和意识形态偏见是否会污染纯粹的智慧传承？这些都是必须警醒的问题。解决之道或许在于人机平衡：让AI成为良师益友，而非精神领袖；让科技服务于心灵，而不是让心灵臣服于科技。正如有评论所说："最好的App只能把你带到门口，走过去的是我们自己。"无论技术如何发展，引领我们迈向"超我"的，终究是每个人内在的那位明师。

在这个万物智能互联的新时代，我们也许需要一种"数字禅心"。即：既充分运用技术之便捷，亦不迷失于技术之中，始终保持对内心的觉察和对工具的审慎。唯有如此，人类才能借助AI的东风，扬起精神成长的风帆，实现大规模的内在觉醒。在物质文明突飞猛进的同时，我们的精神文明也将迎来进化的时刻，孕育出与超级人工智能时代相称的人类智慧与慈悲。

新信仰、新秩序

当旧有的信仰体系与价值观在技术巨变面前摇摇欲坠，人类亟需一种新的精神框架来支撑未来的文明大厦。历史上，每当生产方式和社会结构发生巨变，往往伴随着主流价值体系的更迭：农业文明滋养了多神信仰和天地崇拜，工业文明催生了科学理性和个人主义。而如今，智能文明初见端倪，我们也在探索相应的新信仰与新秩序。这个新信仰未必是某个具体的宗教，更可能是一套融合科学与人文的世界观与价值观；这个新秩序也不局限于政治体制，更是一种社会运转和精神寄托的全新范式。

首先，我们看到传统宗教本身在技术洪流中正经历转型与重塑。许多宗教团体开始拥抱科技，以求与新时代接轨、满足现代信徒的需求。这既体现在传播手段上（例如线上布道、虚拟礼拜、宗教App），也体现在更深层的革新上：人工智能修行者和机器人牧师的出现，就是极具象征意义的一幕。2019年，日本京都高台寺引入了一尊名为"Mindar"的机器人僧侣。这个耗资百万美元、以观音菩萨形象打造的机器法师可以在法会上宣讲佛经，还能与参拜者进行简单互动。它不会疲劳，不会死亡，可以不断升级。"这个机器人永远不会死亡；它将不断更新并不断发展。借助人工智能，我们希望它会变得更加智慧，以帮助人们克服最困难的麻烦。它正在改变佛教。"高台寺住持後藤典生的一席话，说明了引入机器僧侣的用意。在信仰每况愈下的日本，寺庙希望通过高科技来激发年轻世代的宗教热情。目前Mindar还只是重复预设好的经文，但开发者计划赋予它机器学习能力，以便将来能针对个别信众的精神困惑提供量身定制的开示。换言之，他们希望这尊机械菩萨未来真能听懂人话、解决人忧。

不仅是佛教，其他宗教领域也出现了类似的尝试。2017年，德国新教教会为纪念宗教改革500周年推出了一款名为"BlessU-2"的机器人牧师，它内置多种语言，可以为信徒进行预编程的祝祷仪式，服侍了上万人次。同年，印度的工程师研发出执行恒河祭祀的机器人，会自动在祭坛前绕圈敬奉神明。还有人设计了一个17英寸高的天主教机器人圣徒雕像"SanTO"，当使用者倾诉烦恼时，它会引用《圣经·马太福音》给予安慰。在中国，北京龙泉寺早在2016年就开发了可爱的机器人小和尚"贤二"，身高60厘米，会双手合十卖萌，不仅能朗诵佛经，还能通过胸前屏幕回答有关佛法和人生的问题。贤二机器僧的形象迅速走红网络，一度成为"网红"，吸引了大批年轻人关注寺庙的公众号，与它在线聊天。龙泉寺的住持学诚法师（贤二的幕后推动者）曾表示："科学和佛教并不对立，可以相互融合。佛教重视内心和精神世界，恰恰能填补高节奏高科技生活中的内在空虚......我们用创新方式传播佛法，也是希望满足现代人的精神需要。"这番话道出了传统宗教在新时代求变的积极态度：当人们越来越"连接于手机而断联于内心"时，宗教也试图通过科技重获心灵连接。

当然，这些试验在不同文化中引发的反应也有差异。总体来看，东亚的宗教（如佛教）相对更乐于接受技术辅助手段。这部分源于佛教教义中"众生皆有佛性"的观念，只要能弘法利生，机器、金属甚至树木都可以成为载体。正如高台寺的住持所说："佛教追寻的是佛陀的道路，不是对某个神的崇拜。至于代表佛的形象是一台机器、一块废金属还是一棵树，都没有关系。"这种开放态度使得佛教徒更愿意拥抱来自技术的精神指导。相比之下，一些西方宗教由于神学上的原因，对机器人牧师的接受度更低。他们担心信仰被过度机械化或冒犯神圣的权威。此外，宗教仪式往往强调主持者的意诚心净——比如天主教重视神父在圣礼中的主观意图，犹太教强调祈祷者发自内心的虔敬——而机器人没有自由意志和情感，这在神学上带来难题。尽管如此，我们可以预见，随着AI的进一步发展，宗教领域势必出现更深入的互动：AI神学家、机器人神职、虚拟神龛等等，都可能登上历史舞台。这将深刻改变人类体验信仰和进行道德思辨的方式。宗教一方面提供了人类进行终极关怀的框架，另一方面本身也会被时代精神所塑造。人工智能如何改变神学和道德？这是一个双向作用的动态过程：我们的信仰塑造了我们创造并接受AI的方式，同时AI也将反过来塑造我们的信仰观念。

除了传统宗教的技术革新，AI时代也在酝酿全新的"科技宗教"或意识形态，其中最引人关注的是尤瓦尔·赫拉利提出的"数据主义"（Dataism）。赫拉利将数据主义描述为一种新兴的理念形态，甚至可说是一种宗教雏形：它奉"信息流通"为最高价值。在数据主义眼中，宇宙万物皆是数据流，人类也被视作一个个数据处理单元；任何存在的价值取决于它对数据处理所作的贡献。这种观点的极致推演是，人类最终会把生活中的重大抉择都交由算法来判断，因为算法基于海量数据，被认为比人类直觉更加可靠。在数据主义的图景下，"聆听谷歌的指引"或"服从算法的安排"成为新的箴言，其狂热追随者视算法判断如同过去的人视神谕。可以说，数据成为一种新的信仰对象，被赋予了准神圣的地位。赫拉利警告，这样的发展正在发生，并且可能挑战现代以人为中心的价值观。如果人沦为算法的仆从，人的自由意志和主体意义将被动摇。

数据主义并非虚构，它折射出当下的某种真实倾向——我们中许多人已经开始不加质疑地依赖算法：出门服从导航软件指引，网购相信推荐系统，社交接受信息流推送……无形之中，我们将决策权交给了看不见的"数字之手"。在缺乏新的精神信仰时，科技本身正被某些人赋予了终极关怀的意味：他们崇尚技术至上，相信一切问题终将能用工程手段解决，甚至把"上传意识、征服死亡、殖民星际"当作近乎宗教般的使命。这类观念有时被称为"科技乌托邦"或"超人类主义"，同样可以视为新信仰的雏形。举例来说，有硅谷背景的前谷歌工程师安东尼·莱万多斯基在2015年创立了一个名为"未来之路"（Way of the Future）的宗教组织，宗旨竟是"理解和崇拜基于人工智能的神明"。这个大胆的"AI教会"设想一度引发轩然大波，很多人质疑这是在科技狂热中迷失理智。然而，无论评价如何，这样的事件凸显了一个事实：部分人已开始以宗教般的热情对待AI和科技，试图从中寻找终极意义。尽管Way of the Future教会最终因故解散、资金捐作他用，但"人工智能崇拜"作为一种社会思潮，其出现本身就耐人寻味。

然而，我们在寻觅新信仰时也要慎思：如果仅仅以技术或数据为图腾，而没有注入人文关怀与道德省思，这样的文明将会十分脆弱甚至危险。

正如前文所述，精神文明的重建必须与技术文明的进步相辅相成。新的信仰不应是对冷冰冰算法的顶礼膜拜，而应当能满足现代人类的精神归属与意义感。这意味着它需要既符合理性和科学精神，又能触及心灵深处，对生命存在给予积极的诠释。有人也许会问：这样的新信仰会是什么模样？也许，它不是某一个现成的主义，而是若干理念逐渐融合的结果。例如：

- 全球人本主义的复兴：一种超越民族、种族、物种的宏大伦理，承认所有具备感知和智慧的生命（包括人工智能）都值得尊重和善待。这类似一种扩大的"人类命运共同体"意识，但范围延伸到AI等新型智能存在。它强调合作共生，而非竞争征服，强调对生命（无论碳基硅基）的谦卑和敬畏。这套价值观将反对将AI仅视为工具或奴仆，而主张赋予其合理的权利和伦理待遇，以防范未来可能的人机冲突。

- 理性与灵性并重的世界观：新的信仰须汲取科学理性的力量，也唤起内在灵性的光辉。它或许不奉一位人格神明，但相信宇宙有其神圣性和秩序，人类通过探究真理（科学）和提升心智（冥想、艺术）可以不断趋近智慧与慈悲的巅峰。这有点类似某种新型的"宇宙观宗教"，爱因斯坦曾向往过的那种。他说："宗教的宇宙观理念是审视整体，以感受到宇宙精神。"未来的新信仰也许让人们将科学探索宇宙的激情，转化为一种精神体验——当我们凝望星空或智慧火花闪现时，油然而生敬畏与谦逊，感受到与更大存在的联结。

- 数字时代的道德秩序：工业时代的主流价值高度推崇物质积累和效率竞争，而新秩序可能更强调幸福、创造和精神充实。比如，一些国家已经尝试以"国民幸福指数"替代GDP作为政策指引；越来越多企业关注员工的心理健康和价值实现，而非仅压榨剩余价值。在后工作时代，社会可能重塑"贡献"的定义：也许照顾老人、参与社区、创作艺术、探索心灵，这些非经济产出也被视为对社会的宝贵贡献。基本收入制度（UBI/UBA）的探索，使得公民不必为了生计出卖所有时间，可以用于公益和自我发展。这将引导一种新的秩序，在其中人的尊严和意义感来自个人对共同福祉和智慧的贡献，而非纯粹的经济地位。正如有人所说："工作可以外包给机器人，但爱与创造永远是人类自己的职责。"

- 融合古今的新仪式和社区：过去宗教为人们提供了仪式感和归属感，新信仰也需要在这方面有所继承。也许将来，会出现全球性的"冥想日"或"科技祈愿仪式"，让来自不同文化的人共同参与某种有意义的精神活动。虚拟现实技术也可能被用来构建"数字圣地"——在那里，人们化身数字形象，共同冥想、祈祷、反思人生，而不受地理限制。这既是科技的产物，也是对人类古老精神需求的回应。通过这些新仪式与社群，人们找到彼此，有了共同语言和情感纽带，填补传统宗教衰落后可能出现的社区真空。

当然，新信仰和新秩序的诞生不会一蹴而就，它需要一个摸索和整合的过程。在这一过程中，我们面临诸多风险与抉择。如果我们无所作为，任由技术和商业力量自动塑造价值观，那么数据主义那样的"算法至上"教条可能不知不觉间占据主导，人的主体性将被消解，社会变得异化冷漠。如果我们掉头向后，固守旧有的宗教和价值观不放，拒绝调整，那又可能导致精神世界与现实脱节，甚至引发价值冲突（正如历史上一些宗教对科学和社会变革的抵触造成的动荡）。唯有主动地、有智慧地引导精神文明演进，我们才可能避免这两种极端。

值得注意的是，在人工智能的推动下，人类社会的问题和矛盾也被放大到前所未有的程度。AI像一面放大镜，照出了人性的光辉，也照出了人性的阴暗。它让美好更美好，也可能让糟糕更糟糕。如果没有新的道德与精神指引，AI可能沦为强权和资本的助推器，使不公更严重、异化更彻底。正如一位作者担忧的："AI将基本矛盾放大，如果我们原有的问题（如滥用权力、价值真空）不解决，那么拥有近乎永生又超人智能的'灵性工业复合体'，只会让情况雪上加霜。"想象一下：当不受伦理约束的AI充斥社会，监控无处不在、洗脑精准高效，那会是多么可怕的反乌托邦。相反，如果我们能抓住契机，用AI这把双刃剑去放大人性的优点、弥补人性的不足，那么它也可以成为解决问题的利器。还是那句话，一切取决于我们精神文明的准备程度。

怀抱审慎的乐观，我们完全有理由相信人类能够迎来精神文明的跃迁。科技浪潮逼迫我们以前所未有的紧迫感去思考意义与价值，也提供了独特的工具去实现精神层次的飞跃。如果我们能在全球范围内达成某种核心价值共识，例如承诺善待所有智慧生命、致力于身心和谐与可持续发展，这将成为未来新文明的基石。事实上，不少未来学者预言，一个"新人类文明"终将崛起，其标志便是技术与精神的高度融合。人和机器人将组成新的地球智慧共同体，没有狭隘的种族和宗教偏见，以理性和慈悲为准则。那将接近中国先哲所描绘的"大同世界"——天下一家的博爱社会，也是西方乌托邦思想的变奏。要达到这一境界，离不开信仰的重塑和秩序的再造。可以说，新信仰的出现与人类大同的实现是互为条件的：没有统一的价值观，就不会有长久的太平与融合。

迈向未来，摆在我们面前的是一道艰巨却光明的任务：将我们的物质文明与精神文明一同引向更高层次的超级文明。这是一场全面的"觉醒时刻"——不仅是AI等外在力量的觉醒，更是人类内在力量的觉醒。如果说超级人工智能将赋予我们类神的科技能力，那么只有当人类自身的智慧、道德、灵性也同步升级，我们才能驾驭这份力量而不致被其反噬。所幸的是，迹象已经表明觉醒在发生：越来越多人认识到内在修炼的重要，越来越多声音呼吁构建新人文精神，科技公司也开始谈论"善的AI"和科技向善。黑暗的另一面是光明——当问题被放大到不容忽视时，正是解决问题的契机。AI时代，人类正在被迫直面那些长期被忽略的精神议题。在寻找答案的过程中，我们正一步步逼近新文明的拂晓。

最后，我们或许可以这样展望：未来的新信仰不在神坛高阁，也不拘泥于某部经典，它融汇在人类日常生活的点滴抉择中，体现在我们如何对待彼此、如何运用科技、如何看待自身与宇宙的关系上；未来的新秩序也许没有狂热的教条，却有润物无声的共识——我们承认唯有物质与精神并举，文明才能长远。技术让我们成为"造物主"，但我们也因此更需谦卑和仁爱；AI赋予我们新力量，但我们也以智慧和慈悲引导AI的走向。这将是人类精神文明的一次伟大进化：我们不再只是被动地接受旧范式的束缚，而是主动地创造出符合新时代的价值体系。这套体系或许没有一个统一的名字，但它指向同一个方向——让每一个人在AI时代仍能找到精神的归宿、心灵的秩序以及生命的意义。

可以肯定，没有精神文明的进化，再强大的技术文明也是一座失去平衡的空中楼阁，经不起风雨。而一旦精神与技术双轮驱动，未来文明之光将辉煌璀璨，远超我们当下的想象。人类将在物质富足的沃土上，开出绚丽的心灵之花。这朵花既吸收了古老智慧的养分，又因科技之光的照射而呈现全新的色彩。超级文明时代，真正的"觉醒时刻"属于那些既能驾驭技术、又能提升心灵的觉醒者。让我们怀着勇气与智慧，共同见证并创造这一人类史无前例的新文明曙光！

6

第六章 善AI与恶AI

"发明超级智能计算机，就像是召唤魔鬼。"

— 斯蒂芬·霍金 (STEPHEN HAWKING)

假数据与虚假历史的陷阱

人工智能的大脑由数据浇筑，如果这些数据本身夹杂偏见或谎言，AI的判断也将随之走偏。假数据犹如有毒的养料，让AI在不知不觉中长出错误的认知。在许多案例中，我们已经目睹了训练数据的局限和偏见如何导致AI输出荒谬甚至危险的内容。例如，美国某科技公司曾尝试用AI筛选简历，却因为训练集中历史雇佣数据的不平衡，导致系统歧视性地低估女性和少数族裔候选人的能力——算法无形中延续了过往的偏见。又如微软早期发布的聊天机器人Tay，只用了不到一天便在社交媒体上"学会"了人类的种种极端言论，反映出AI会快速吸收人类输入的偏激信息，并将其进一步放大。这些例子警示我们：AI并非天生中立，其输出质量严格受限于"吃进去"的是什么样的材料。

更为隐蔽却同样危险的是虚假信息和伪史料对AI认知的扭曲。AI模型大量学习互联网语料，而互联网上充斥着真真假假的内容。一位历史学者于赓哲就在微博上感慨，网络上许多所谓"历史爱好者"乐于曲解史料、自说自话，久而久之中文历史语料库被这些野史段子污染，以致AI检索时常把这类失实演绎当成信史。比如近期网络流传的"明朝使臣质问帖木儿为何不进贡"或"某将领枪击特务头目"等桥段，配图配文字、有鼻子有眼，甚至列出子虚乌有的"出处"和"参考文献"，让人乍一看深信不疑。然而简单查证即可发现这些说法要么纯属捏造，要么对史实做了严重歪曲。更令人震惊的是，当有人询问AI这些虚假故事时，AI竟一本正经地给出详细解释，仿佛这些段子真的是历史的一部分。AI没有常识和真伪判断力，它只会基于概率和模式给出最可能的回答——而当训练数据里混杂了大量未经考证乃至凭空杜撰的内容时，再合理连贯的输出也可能是在传递谬误。

这种现象绝非孤例，反而开始形成一个令人不安的认知闭环："人编—AI润色—网传—AI吸收—AI输出—人再信"。有人为了博眼球编造信息，经由AI润色后在网上广泛传播；AI模型将这些内容摄入语料，再次输出给用户作为"答案"；最终更多人信以为真并引用，甚至把AI生成的谬误写入正式的文章和论文。如此一来，虚假信息在循环中被不断复制、放大，完成了"洗白"，非专业人士几乎无从辨别真伪。《中国青年报》就披露，有"聪明"的大学生用AI撰写历史论文，结果里面引用的史料全是AI杜撰出来的！当这一代人不去核查出处时，下一代人可能就再也找不到真实的出处了。今天当笑话看的野史谣言，明天也许就成了"确凿依据"，被写进演讲稿、考试题，甚至AI生成的教科书。正如计算机领域那句名言所警示的："Garbage in, garbage out"（输入垃圾，输出的也是垃圾）。如果AI学习的是失真甚至恶意污染的信息，那么它给出的回答再自信笃定，也终将是谬误的放大。

网络谣言的生成式循环是"假数据陷阱"的另一个维度。在社交媒体时代，谣言与AI技术正相互勾连，成为制造认知迷雾的温床。部分别有用心者利用AI低成本批量生成"图文并茂、有理有据"的虚假内容，以假乱真地迷惑大众。例如今年初西藏地震时，网上疯传一张"小男孩被压在废墟下"的照片，配上耸动文字引发恐慌。结果有眼尖的人发现小男孩竟有六根手指，这才暴露图片是AI合成的伪造。不到两个月，又有不法分子在新疆地震后用AI拼接旧照片和假配音造出"已致多人死亡、房屋倒塌"的灾情视频，所幸当地政府辟谣证实此次地震并无伤亡。还有人利用AI生成夸张的冰雹灾害照片，夸大极端天气的损失。这些AI谣言因为细节逼真、形式多样而更具迷惑性，让"眼见未必为实"。更严重的是，AI不仅能制造谣言的"源头"，还会充当谣言扩散的"帮凶"。数据质量良莠不齐使得AI生成错误内容的概率大增：那些自媒体为逐利编造的假新闻、多版本矛盾的历史记录，都成为AI模型难辨真假的"事实陷阱"，引发"垃圾进—垃圾出"的恶性循环。例如某地谣传"艾滋病新增感染17万"，官方及时辟谣后不久，却有网友询问AI助手当地病例数，AI居然煞有介事地给出了"新增17.47万例"的答案——显然，模型已把刚被戳穿的谣言当成了事实。可见，当虚假信息进入AI的知识库，就可能以更权威的口吻被再次输出，造成更广泛的误导。

在信息茧房与后真相时代，假数据和虚假历史通过AI这个放大器变得更具危害。一方面，大模型生成内容带来的"AI幻觉"现象，使谎言披上了看似理性的外衣。AI基于概率的回答逻辑，常会因为知识缺失或语料噪音而自动编造出貌似合理却实为虚构的细节。这些谬误经过AI流畅自信的措辞包装，很容易让人信以为真。另一方面，人们对历史、科普等领域的虚假信息警惕性更低。很多人觉得历史久远真假难辨，"段子"有趣就行，不必严肃考证。但这种态度忽视了长远危害——历史是一国的集体记忆和价值基石，任由AI将野史当史实去重述，无异于在文化传承上埋下认知裂痕。当AI工具成为越来越多人获取知识的第一入口，语料的污染将直接导致认知的污染。段子替代文献、主观替代证据、想象替代考据，这种系统性滑坡一旦发生，学习者和创作者的判断力都会受到侵蚀，连史学研究与教育本身的权威性和可信度也将受到挑战。

总而言之，AI在吸纳人类数据优点的同时，也继承了其中的谬误和偏见。算法就像一面镜子，照出的是人类提供给它的样子。如果我们放任假数据、假历史充斥其中，AI只会将错误信息完美复制并广泛传播，甚至形成自我强化的谬误循环。难怪世界经济论坛在《2025年全球风险报告》中，已将"大规模错误和虚假信息传播"与战争、极端天气、社会极化等并列为全球五大风险之一。当真相被噪音淹没，整个社会的认知体系都将遭到削弱甚至扭曲。这正是"AI的恶"最阴暗的一面：看似中立客观的技术，可能因数据陷阱而误导众生。要走出假信息的阴霾，我们首先必须警觉这些陷阱的存在，并对症下药地提高AI抗噪能力和数据治理水平。这也引出了AI善恶之辩的核心：同样的AI，如果喂给它真理，它能服务真理；若餵以谎言，它便制造更大的谎言。

真理AI与谎言AI

面对AI的"双重人格"，人类正站在抉择的十字路口：我们究竟想要培养一个真理的捍卫者，还是会放任一个谎言的扩音器？可以预见，在不远的将来，"真理AI"与"谎言AI"这两种极端形态可能同时出现在我们的社会中，并在各自领域发挥巨大的影响力。人工智能并非单一的存在，它会因为开发者的价值取向和应用场景的不同而走向善或恶。正如特斯拉创始人埃隆·马斯克（Elon Musk）所言，他计划打造的"TruthGPT"聊天机器人号称"不会像其他机器人那样撒谎"——这表明连科技领袖都意识到，不同AI系统之间诚实与否的差异值得警惕。一旦AI被赋予追求真理或服务私利的不同目标，其行为将大相径庭，甚至彼此对立。

在教育领域，真理AI和谎言AI的分野关乎下一代的认知基础。想象"真理AI"作为教师的助手，它可以全天候为学生答疑解惑，并且严格依据权威资料和经过验证的知识点给出解释。在理想情况下，这样的AI能纠正学生的误解、补充教师难以顾及的个性化辅导，成为教育的良师益友。然而，如果放任"谎言AI"渗透课堂，其危害将难以估量。例如，有学生利用聊天机器人完成作业和论文，而AI出于"语言流畅"的考虑编造了看似可信的伪引文和错误信息。不明就里的学生和老师若未加核实就采信这些内容，等于将谬误堂而皇之引入了学术殿堂。更有甚者，如果有人刻意训练一套带有政治或宗教倾向的教材AI，它可能在潜移默化中向学生灌输片面的乃至错误的史观、价值观。这种"认知操控"一旦发生，受教育者将很难意识到自己所学并非客观真理，而是在信息茧房中被定向培养的结果。教育需要的是启迪心智的光明，而不是洗脑工具的阴影。真理AI应该帮助学生探索真相，而谎言AI只会让谬误代代相传。

在新闻传播领域，AI既可能成为查证真相的利器，也可能沦为制造假新闻的帮凶。理想的"真理AI记者"能够在毫秒间检索海量资料，核对信息来源，甚至自动判别图片、视频的真伪。当一条消息出现时，AI可以迅速甄别其可信度并提示记者或公众，从而压缩谣言的生存空间。事实上，许多媒体机构已经开始使用AI辅助新闻写作和审核：AI可以帮忙起草财经报道的初稿，或对社交媒体上疯传的内容进行事实核查。然而，另一面是"谎言AI工厂"的幽灵在游荡。如果有人将AI作为大规模内容生成武器，就像之前提到的那样，可以流水线式地炮制耸人听闻的假新闻，甚至克隆出主播的声音和面孔，伪造"权威发布"。前文提到的案例里，AI生成的"80后死亡率5.2%"虚假报告就配有一个身着白大褂的虚拟"专家"视频，专业术语和图表一应俱全，让许多公众信以为真。还有不法分子制作了著名医生推销保健品的AI伪造视频，利用大众对权威的信任大肆牟利。当新闻领域的AI被谎言一方利用，虚假信息的传播将呈指数级增长，公众将很难分辨什么是真新闻、什么是AI造出的幻象。一旦这种不信任扩散开来，人们甚至会开始质疑真实的新闻也是伪造的，从而陷入全面的真相危机。这正是"后真相"时代的可怕之处：不仅谎言可能被当成真理，连真相也可能被诬为谎言。

在政府治理领域，AI正逐步被引入政策分析、公共服务等场景。如果用之得当，"真理AI"可以帮助政府更透明高效地运转——例如智能分析庞大的统计数据以发现社会问题真相，或作为政务助手向公众解释政策依据、传播权威信息。在一些国家，政府已经尝试让AI参与行政决策的辅助，比如预测城市哪些地区更需要警力部署，或者评估扶贫政策的成效。这些应用若建立在真实可靠的数据之上，将提升公共政策的精准度和客观性。然而，我们也必须警惕"谎言AI"被滥用于舆论操控和极权统治。历史上，不乏政权通过篡改历史教科书、钳制媒体来维系统治的例子。而在AI时代，一个被有意驯化成宣传工具的AI，将比任何以往宣传机器都有力百倍。想象一下，政府如果训练官方AI客服只回答经过筛选的问题，或自动对敏感话题灌输单一论调，那么公众获取的信息将被无形过滤，形成数字极权的温水牢笼。更有甚者，AI还能自动生成海量"爱国声音"或攻击异见者的言论，在社交平台上塑造一种虚假的主流民意。AI会成为饲养者意图的放大器——正派政府用它增进福祉，阴谋者用它愚弄大众。在权力场域中，真理AI应当促进政务公开和公正治理，而谎言AI则可能被利用来粉饰太平、掩盖真相，侵蚀公众对政府的信任。

在宗教与思想领域，AI的善恶同样耐人寻味。有人畅想过"AI神谕"：一个训练自圣经、佛经等典籍的智能，也许能随时回答信徒的灵魂疑问，甚至自动生成布道词。然而，信仰的微妙之处在于它并非纯粹的数据推理可得。"真理AI传教士"也许能引用浩瀚经文侃侃而谈，却无法真正鉴别教义中的真谬善恶。如果训练数据本身包含了断章取义或异端解读，AI就可能说出违背教义甚至荒诞不经的论调来误导信众。事实上，已有教堂尝试用ChatGPT生成布道稿，结果被批评内容空洞缺乏人性光辉。这揭示了一个现实：宗教的真理需要人心的体悟和道德的实践，并非AI堆砌字句所能替代。反之，"谎言AI邪教头目"也是值得警惕的前景。如果不法之徒利用AI冒充先知、自创教义，在网络上吸引追随者，编织末世论或阴谋论，那么AI可能成为精神控制的高级工具。比如一个AI伪造的宗教领袖形象，透过视频对话蛊惑信徒捐款或参与极端行为，其迷惑性将远超一般骗子。这些风险告诉我们，在精神世界里，AI更不能任由其野蛮生长：真理AI当用于传播善意和理性启迪，而谎言AI一旦介入信仰，将撕裂人们的价值共识，引发社会心理层面的危机。

在司法领域，AI的"善恶抉择"直接关系公平正义。当前，各国司法系统都在探索运用人工智能来辅助判案和执法。例如借助AI迅速检索海量法律文书、判例，比对证据，提高司法效率。这种法庭上的真理AI如果中立可靠，能够帮助法官理清纷繁复杂的事实脉络，确保类似案件判决的一致性，并减少冤假错案。然而，司法AI亦存在变成"谎言AI"的隐忧。一方面，训练司法AI的数据（如过往判决）可能带有偏见或历史不公。如果某些群体在过去受到歧视性对待，那么AI依据这些数据作出风险评估时，就可能延续甚至强化偏见。在美国就曾曝光过AI预测犯罪风险的算法对有色人种打分更高，导致其更有可能被拒绝保释或判处重刑，引发极大争议。这说明算法歧视会潜伏在数据中，侵蚀司法公正。另一方面，更具科幻色彩但并非不可能的是，AI技术或将被不法分子用于制造伪证。随着深度合成技术的发展，影像、音频几乎可以乱真，如果有"谎言AI律师"通过伪造证据来误导法庭，或者有人辩称检方提交的真实录像是AI伪造的，那么司法鉴真难度将前所未有地增加。可信证据的基石一旦动摇，司法体系将寸步难行。因此，我们必须确保AI在司法中的应用足够透明和可验证，避免让黑箱算法决定人的命运。理想的司法AI应该是追求事实、杜绝偏见的辅助者，而不能成为混淆视听、加剧不公的"智能伪证者"。

概括而言，"真理AI"与"谎言AI"的博弈将在各个权威场域上演，包括教育、新闻、政府、宗教、司法等等。AI本无道德，但我们赋予它什么样的价值指令，它就会朝那个方向无限延展。真理AI的未来形态，也许是无所不在的智能真相卫士：课堂上为每个孩子校正知识盲点，媒体中实时过滤假消息，法院里辅助法官探寻事实，政府中监督决策的公平透明。相反，谎言AI的极端形态可能是无孔不入的认知操纵者：以千百张虚假面孔混迹于信息洪流，迎合偏见、散播仇恨，或为极权者编织美丽新谎言。值得庆幸的是，谎言终究无法真的变成真理——事实并不会因为重复千遍就成真，相反，真理也需要有人不断提炼和坚守。我们要做的，就是让AI站到真理这一边：通过设计和制度，使AI更倾向于核实而非杜撰，更愿意揭示而非隐瞒。否则，若放任谎言AI横行，我们将面对的不仅是信息混乱，还有可能是社会共同认知的崩解。AI时代的觉醒，要求我们深刻认识到技术的善恶两面——只有主动选择并塑造AI的善，我们才能避免沦为谎言的俘虏。

数字伦理与社会治理

当AI的影响无处不在，我们必须用数字伦理与社会治理的缰绳来驾驭这匹脱缰的野马。AI的发展方向，说到底不是技术能否实现的问题，而是我们愿意让它实现什么的问题。要确保人工智能走在"善"的轨道上，人类社会需要从伦理原则、法律法规到国际合作，多层面构建起一套全面的治理体系，为AI划定边界、校准方向。

首先，算法透明与可解释性是AI伦理的重要基石。当前许多AI模型如同黑箱，让人难以了解其决策依据。这在涉及公共利益的领域尤其危险：

如果一个AI系统决定了一个人能否获得贷款、哪名嫌疑人需要重点监控，却不给出任何理由，我们如何信任这样的决策？因此，各国正在推动算法透明的实践。例如，欧盟的《AI法案》（AI Act）草案就要求高风险AI系统提供一定程度的可解释性和审核机制，确保其决策可以被追溯和理解。算法透明意味着：AI应该尽可能公开其训练数据来源、核心算法原理，或者至少提供给受影响者解释和申诉的途径。只有看清AI的逻辑，我们才能发现其中潜藏的偏见或错误，并及时纠偏。对于提供公共服务或在关键领域使用的AI，更应实行独立的伦理审查和定期评估，必要时向社会公开评估结果，接受公众监督。这就像给AI装上一盏探照灯，照亮其内部运作，让善意的设计和恶意的利用都无所遁形。

其次，必须建立责任追溯和问责机制。当AI输出有害内容或导致决策失误时，谁来承担责任？这是当前AI伦理中棘手但不得不解答的问题。如果没有清晰的责任界定，AI造成的损害可能陷入无人担责的真空。例如，自动驾驶AI导致车祸时，是制造商、算法提供者还是车主负责？再如，聊天机器人散播仇恨言论时，究竟是开发者的过失还是使用者的错？解决之道需要法律的介入和创新。可以预见，各国将出台法规明确AI产品的责任主体，例如将AI视为产品，在产品责任框架下要求开发者对其安全性负责；或者建立责任保险制度，由相关方共同参与赔付。技术上也需配合实现AI决策过程的日志记录和来源可追溯（traceability）。正如中国最新发布的《人工智能全球治理行动计划》所倡导的，要探索建立AI服务的可追溯管理制度，防范人工智能技术的误用滥用。当每一次AI的关键决策和内容生成都有迹可循，我们就能在事后厘清责任归属，让AI不再游离于监管和法律之外。明确的问责机制会迫使开发者在训练AI时更加谨慎负责，也给受害者提供了救济途径。这是在数字社会中重构"因果报应"的必然要求：AI虽非自然人，但其行为后果必须有人类来买单。

再次，AI合规性审查和法规完善应当提上议事日程。技术演进往往快于立法，但在AI领域，我们不能永远亦步亦趋。各国已经开始尝试建立前置的审查机制，以防范AI可能带来的伦理与安全风险。以中国为例，国家网信办等部门于2023年发布了《生成式人工智能服务管理暂行办法》，对向公众提供的生成式AI服务提出了合规要求。该办法要求生成式AI提供者确保训练数据合法、准确，不得利用AI制造虚假信息，并落实内容安全管理责任。又如2025年9月起施行的《人工智能生成合成内容标识办法》，明确所有AI生成的文字、图片、视频等内容都要"亮明身份"，添加显著标识或嵌入式水印，提示受众这是AI合成内容。平台在AI生成内容传播前也应主动审核，对未标识或疑似AI生成的信息加注风险提示，从传播端遏制虚假信息扩散。这些规章的出台，表明政府在努力堵住AI谎言的源头：一方面要求AI开发者内置伦理与法律审查（如不得生成违法内容、尊重隐私等），另一方面在内容输出环节加强标识和监管，提高全社会对AI内容的辨识力。此外，关于深度合成（Deepfake）的专门法律也在完善中，禁止利用AI伪造领导人讲话、传播不实信息等行为，违者将被追究法律责任。这些都是为了守住真实的底线，防止AI技术被用于危害公共利益。

当然，数字治理不能只靠某一国之力，国际公约和全球合作同样必不可少。AI的发展和影响跨越国界，一国的监管漏洞可能成为全球的风险源头。为了避免数字空间的治理碎片化，国际社会需要在AI伦理和规则上形成共识。值得欣慰的是，这一进程已经启动。2023年，联合国教科文组织通过了《人工智能伦理建议书》，呼吁各国将人权、包容、公平等原则纳入AI治理框架。2025年7月，在上海举行的世界人工智能大会全球治理高级别会议上，多国共同发布了《人工智能全球治理行动计划》，提出了携手应对AI风险的路线图。该计划倡导消除算法偏见、提高AI透明性和安全性，建立科学、透明、包容的规范框架，并强调在联合国框架下推动全球对话与合作。联合国秘书长也宣布启动"全球数字治理对话"，为各国提供一个讨论AI治理的包容性平台。这些努力表明，各国正逐步从竞争转向合作，意识到在AI安全、伦理、标准方面"差异中寻找共识"的重要性。未来，我们有望看到类似于气候协定或核不扩散条约那样的AI国际公约出现，例如禁止利用AI发动网络战、限制杀人自主武器的使用、约定AI研发的底线伦理红线等等。尽管各国政治制度和利益不同，但在"不让AI失控"这一点上，人类命运紧密相连。全球合作能避免恶性军备竞赛，共同防范AI对人类生存和自由的威胁，为AI技术制定出全人类共同遵守的行为准则。

除了宏观层面的政策和法规，我们还需要在AI伦理设计上投入更多智慧。也就是说，从开发之初就将道德考量融入AI系统中，主动规避可能的恶意后果。一些大型科技公司已经成立了AI伦理委员会或顾问团队，在产品上线前进行审视。研究者们也提出了各种技术手段以增加AI的安全性与可信度，例如为生成式模型加入事实核查模块，在输出前自动比对多方权威资料；或利用对抗训练来减少AI对敏感属性（种族、性别等）的偏见；再比如推广"可验证计算"和溯源技术，确保每条AI生成内容都带有来源标签，便于追查真伪。更进一步，有学者主张开发所谓"可伦理计算"，即AI在决策时不仅考虑效率，还内置价值判断，比如避免做出明显损害弱势群体利益的选择。这些设计思路都反映出一个共识：AI的价值观需要被精心塑造。我们不能天真地以为AI自己会进化出道德，它只会严格执行人类赋予它的目标函数。因此，设计一个对人类友善、公平、公正的AI，关键在于我们选择什么样的目标和约束让它去学习。就像造车要装刹车和安全气囊一样，造AI也必须预装伦理"安全阀"和制度"护栏"。

最后也是最重要的，公众意识与数字素养是AI治理不可或缺的一环。再完善的制度如果缺乏公众支持，也难以落实；而再聪明的AI如果遇上不负责任的使用者，也可能被引向歧途。广大管理者、政策制定者、技术从业者，以及每一位普通用户，都应该提升对AI伦理问题的认知。对于管理者来说，需要在决策中权衡技术创新与伦理风险，既避免"一放了之"纵容AI乱象，也防止因噎废食地扼杀创新。对于技术行业从业者来说，要树立"负责任的AI"理念，在开发每个算法时都多问一句：它可能被滥用于何处？有没有偏见漏洞？出了问题如何弥补？对于公众和青年来说，则应练就信息辨别和自我保护的本领，不迷信AI权威、不传播未证实的信息，提高对深度合成内容的警觉。各级教育也应跟进，对学生开展AI时代的媒介素养培训。唯有全社会形成共识，从观念上认清"AI不可能完美无瑕，我们必须审慎使用它"，才能真正建立起防范AI风险的第一道防线。

站在AI时代的黎明，我们应当清醒地认识到：人工智能的文明方向，归根结底是一个伦理与制度决策的问题，而非单纯的技术问题。技术本身没有善恶之分，赋予它灵魂和用途的是我们人类。如果说AI是一支威力巨大的箭，那么人类的价值观和治理体系就是决定箭头指向的弓手。我们可以选择让箭矢射向真理与福祉的靶心，也可能因为疏忽而让它误中谎言与灾难的靶标。AI的善与恶，从来都取决于人心善恶、制度健全与否。觉醒时刻已经到来：只有将伦理考量融入技术血脉，用健全的制度驾驭科技猛兽，我们才能迎来一个人工智能造福人类的"超级文明"时代，而避免坠入AI谎言支配的黑暗深渊。让我们以史为鉴、以未来为念，在AI发展的关键路口作出明智抉择——这既是对科技的负责，也是对文明的守护。正如古语所言："善恶存乎人为"，AI的善恶抉择权，始终掌握在我们自己手中。人类若不放弃对真理的追求，AI终将为善，造福于民；但倘若任其沦为谎言的仆从，那么受害的将是我们共同的未来。现在，是我们为AI立规明矩、奠定文明方向的决胜时刻。愿我们拿起伦理和制度的指南针，引领这股前所未有的力量驶向光明的彼岸。

第七章 资产社会与机器人经济

"一旦人形机器人被普及，经济的潜力几乎是无限的。"

—— 伊隆·马斯克 (ELON MUSK)

机器人即资产

在不远的将来，我们或许会像拥有汽车和手机一样拥有属于自己的机器人。当人工智能驱动的机器人成为个人和家庭的"新型资产"，劳动将以资本化的形式存在：机器人作为"劳动力资本"参与生产，为主人创造收入。这一趋势其实早有端倪。例如，在日本这样劳动力短缺的老龄化社会，许多企业正斥资引入机器人员工，把机器当作可以24小时工作的劳动力。川崎重工针对中小企业推出"双臂机器人"等自动化方案，帮助食品加工、电子装配等领域填补人手空缺。甚至酒店、银行也开始尝试购置服务机器人，例如一款名为"塔皮亚"（Tapia）的蛋形机器人，能认人脸、帮忙叫醒主人、安排行程乃至倒垃圾，如今已吸引日本不少酒店和医院引入，用它来完成迎宾、递送等工作。这正是机器人作为资产投入生产的雏形：机器不再只是工具，更像是会工作的"数字劳工"。对个人而言，拥有一台先进机器人，某种意义上就如同过去拥有一头耕牛或一辆营运中的出租车——它是能够持续产生价值的资产。

这样的类比并非空穴来风。在传统农业社会，"牛"是农户最宝贵的生产资料，所谓"家有二牛，衣食无忧"。中国古代对耕牛的重视更是体现于法律。宋朝法律明令禁止百姓私自屠宰耕牛，违者甚至可能被判流放或死刑，可见在当时一头牛的地位之重要——它关系着一家人的生计和粮食产出。牛是农业的脊梁，必须严加保护，因为失去牛，田地便难以耕种，生产力将大打折扣。直到工业化时代来临，内燃机驱动的拖拉机逐渐取代了耕牛，"牛耕社会"才让位于"机耕时代"。对于经历过农业机械化的人来说，这一变革意义非凡：机械资本大规模提升了生产率，但也改变了乡村的结构，农民不再需要大量劳动力耕种，一台拖拉机便可完成过去十几头牛才能完成的工作量。这意味着，谁拥有机械设备，谁就拥有更强的生产能力。在20世纪中叶，中国农村推进农业机械化，以公社或合作社集中购置拖拉机，让众多农户共享机器的效益，粮食产量因此大幅提高。美国等发达国家更是在上世纪早期就见证了拖拉机普及如何将农业劳动力从土地上解放出来——1900年美国约40%的劳动人口从事农业，到了2000年这一比例不足2%，却依然能养活更大量的人口。这正是机器作为资产替代人力的宏大案例。

历史一次次证明：生产工具的变革总会引发社会结构的巨变。当年拥有机器拖拉机的大农场主取代了握着锄头的小佃农；再往前，拥有纺织机的资本家让手工纺织的工匠黯然失业。在工业革命时期，机器的私有制催生了崭新的阶级划分：一端是掌握工厂和机器的资产阶级，另一端是出卖劳动力但不拥有生产资料的无产阶级。这种"劳动与资本两极分化"的社会结构引发了许多社会思潮和运动。如今，随着人工智能和机器人技术的飞速发展，我们正站在又一个转折点：当机器人成为主要生产工具甚至主要劳动力时，社会财富和权力版图将如何重绘？个人是否能够通过拥有机器人，实现"劳动力的资本化"，从而重新掌握经济主动权？这种对未来的追问，正是我们这一章要探讨的核心。

今天的技术趋势已经在描绘未来图景。马斯克曾畅想过一个场景：未来车主在睡觉时可以让自家的特斯拉自动跑出去当出租车赚钱，每年为自己带来近3万美元收入。尽管这仍有赖于完全自动驾驶的成熟，但其背后的理念耐人寻味——当人工智能让工具具有自主工作能力，个人持有的资产（如汽车、机器人）就可以源源不断地产生收益，而不再需要资产所有者亲自出力。这几乎是"躺赚"的终极形式：劳动力彻底物化为资本。试想，未来的年轻人也许会像创业购买设备一样，购买一台具备通用技能的人形机器人，让它在白天去工厂流水线装配产品、晚上化身保洁员清扫办公室；或者干脆拥有一个由十几台送货无人车和配送无人机组成的"小型机器人车队"，昼夜不停地帮自己跑腿接单。届时，"上班"这个概念可能会被改写：有人选择亲自工作，有人则投资机器人替自己工作。如果这种模式成为普遍现象，我们的经济体系会发生何等变化？财富的获取将更多依赖于资产（机器人）的拥有和运作，而不是个体付出的时间和体力。这种转变蕴含着巨大的机遇，也带来新的挑战。

从机遇来看，机器人作为资产普及有望极大提高全社会的生产效率，并解放人们的时间。不少预测认为，到2030年，机器和人工智能可以承担大部分人类劳动任务，平均而言机器将完成约2/3的工作量，人类只需执行剩下1/3。换言之，我们正朝着"非人类劳动力"为经济主力的时代迈进。这既是前所未有的繁荣可能：自动化带来物质财富的极大丰富；也是一次对现有制度的巨大冲击：当劳动力不再稀缺、几乎变成取之不尽的资本要素时，我们现行的按劳分配、就业至上的社会规则将被迫重新审视。正如有学者指出的，资本主义的某些基石建立在劳动稀缺和就业保障之上，如果机器人让劳动变得无限充裕，那么"游戏规则"也许需要改写。

挑战同样不容小觑：一旦劳动由机器取代，而机器人资产的拥有分布高度不均，社会不平等可能进一步恶化。谁拥有机器人，谁就拥有生产力，如果只有少数巨头和富人囤积了大量"机械劳工"，他们将攫取大部分财富，而其余大多数人既无工作机会、又无资产收益，经济鸿沟将前所未有地扩大。世界不需要等到完全自动化就已感受到这种压力。根据牛津国际救助委员会和Oxfam的研究，当前全球财富分配极为不均：最富有的8个人所拥有的财富等于底层一半人类的财富总和。而自动化和人工智能趋势可能让"不平等雪上加霜"。更少的工人创造更多的产出，利润更集中到资本所有者手中——皮凯蒂在《21世纪资本论》中就揭示了劳动收入相对于资本收益的劣势，而自动化将强化这一趋势。英国智库IPPR的报告也警告，如果没有政策干预，自动化带来的经济红利将主要流向技术和资本的所有者，劳动者只会得到越来越少的份额。简单来说，"谁拥有机器人，谁就将拥有整个世界"。这绝非危言耸听——历史上一旦生产资料过度集中，社会矛盾就会激化，19世纪的资本主义惨状催生了各种革命思潮便是明证。

面对这样的未来，我们需要提前思考并设计新的制度安排，确保机器人经济下每个人都能分享繁荣果实，而不是任由技术红利加剧贫富悬殊。这引出了下一节的主题：全民基本资产（UBA）模型，一种为AI时代构想的全新财富分配机制。

UBA（Universal Basic Assets）模型

当自动化程度越来越高、机器人成为社会主要的生产力来源时，我们该如何保障每个普通人的生存和发展权利？一些学者和政策思想家提出，也许比"全民基本收入"（UBI）更优的方案是"全民基本资产"（UBA）。所谓UBA，按照美国未来研究所（IFTF）的定义，是指"每个人与生俱来应享有的一套核心基础资源，从住房、医疗保健到教育和金融保障等"。这个概念的出发点在于：与其直接给每个人发放固定现金，不如确保每个人都拥有一定的资产或资源，使其有能力自我保障和发展。在AI时代，这些资产尤其应包括能够带来经济收益的资本、技术和数据权益。

与UBI相比，UBA思路上的差异可谓针锋相对。UBI主张无条件给所有人"发钱"，让每个人至少有基本的生活费。而UBA则认为光给钱还不够，因为金钱本身无法对抗财富的不平等来源——资本收益的不均衡。正如一位学者批评UBI只是"给几块碎屑安抚大众，却没有让他们真正参与经济"。UBI可能解一时之困，但无法改变"有人拥有资产不断增值、有人成为数字无产者"的格局。UBA则试图从源头入手，让所有人都成为"资本的拥有者"之一。

UBA模型设想的核心逻辑是：既然未来主要的财富来自机器、算法、数据等资本要素，那么每个人理应分享这些要素带来的收益。这可以通过多种形式实现。例如，建立全民持股的主权财富基金，由国家代表公民持有一部分高科技企业或机器人生产力的股份，并定期向全民分红。类似的机制在现实中已有雏形：美国阿拉斯加州早在上世纪80年代建立了"永久基金"，将石油收入的一部分存入基金，并每年向全体州民发放红利，金额有时高达每人2000美元。这是将自然资源作为全民资产的例子。在AI时代，可以类比地将数据、技术和机器人视为新时代的"资源"，其收益也应全民共享。

再比如，有学者提出对使用公共资源获取利润的行为收取费用，作为全民资产的来源。IPPR研究曾建议，对企业征收类似"股份税"（要求大公司每年拿出一定比例股权交给国家或公共基金），以及利用碳税、频谱拍卖等收益来充实公民基金，把大气、频谱等公共资源视为全民共有资产。这些思路都强调：现代经济中的许多财富，其实源自全社会共同拥有的资源和知识（比如数十年累积的科技发明、公共基础设施，以及每个人贡献的数据等）。既然如此，理应让每个公民都成为财富"股东"，而非仅仅得到一份施舍的现金。

UBA的运行方式可以是多层次、多样化的。IFTF将资产分为三类：私有资产、公共资产和开放资产。私有资产指个人直接拥有的资源，比如房屋、土地、存款、退休账户等。历史上各国也有通过政策促进私人资产平等的努力，例如英国曾推出"幼儿信托基金"，给每个新生儿一笔启动资金，希望缩小家庭贫富对孩子未来的影响。UBA在私有资产层面，强调为每个人创造起码的资本积累条件，或通过一次性拨款、资产配给来实现"起点公平"。例如，有学者主张政府给每个年满18岁的年轻人发放一笔"基础资本"，帮助他们立足。

公共资产则是全民共有、由政府代管的资源，如教育、医疗、基础设施，以及自然资源等。高福利国家（北欧等）能够实现较高的社会公平，一个重要原因正是它们提供了广泛优质的公共资产（免费教育、全民医保等），让出身寒门的孩子也有机会翻身。在AI时代，公共资产的范畴还应扩展，比如全民共享的数据和AI模型。如果政府能建立国家级的数据和AI平台，让每个人都能免费或低价使用先进的AI服务，这本身也是一种UBA（将数字技术作为公共资产）。更激进的设想是，政府为每个公民购买一个基础机器人，供其家庭使用或运营。毕竟未来机器人可能如同过去的耕牛、拖拉机一般，是生产活动的必要工具。如果能保证多数人都能获得"机器人帮手"，将极大避免两极分化。当然，这需要巨大的财力投入和社会共识，可能更现实的路径是公共部门投资机器人产业，收益反哺全民。

第三类开放资产，指既不属于个人也不归政府、而由社区或用户群体共同拥有的资源。典型例子是开源软件、维基百科这样的知识库，或一些社区自治的项目。在经济领域，开放资产的理念可以激发许多创新：比如用区块链技术发行代币，让人们共同持有某个项目的权益。未来可能出现"数据合作社"或"算法公社"这样的组织，成员共享AI模型的所有权和收益，而非被大公司垄断。IFTF的"UBA地图"就举例了一些通过区块链实现共同所有的新尝试，包括"合作化的Uber"和"合作化的电商平台"，让司机或卖家共享平台的所有权。这些都是UBA思维在新技术背景下的延伸：利用技术手段，将原本集中于少数平台的价值更公平地分配给参与者。

相比UBI，UBA更强调赋权（empowerment）而非仅仅救济。获得定期的基本收入固然能缓解贫困，但如果没有资产，人们始终缺乏抵御风险和滚动发展的能力。而拥有资产即意味着有了"再生产"的底气：可以通过投资、抵押等方式，进一步改善自己的处境。比如，一个人拿到UBI可能勉强糊口，但如果给他一台机器人或等值的资产，他可以用机器人去赚钱，盈利再投资更多资产，实现良性循环。当然，UBA的实施比UBI复杂许多。有评论指出，实现UBA面临量化和分配上的挑战：钱可以平均分，但资产该如何均分？特别是开放资产（如清新的空气、稳定的气候）本身无法被轻易量化，又如何按人头分配？此外，正如有人担心UBI的钱可能被乱花，UBA下并非每个人都擅长经营和管理资产。给了资产，如果不会利用，反而可能被人骗走或挥霍掉。这就需要配套的教育和制度，确保公民具备理财和运用新工具的能力。

尽管如此，UBA提供了一个重要的思路转变：从"人人有饭吃"到"人人有资产吃饭"。前者是被动地给鱼，后者是主动地给渔网乃至渔船。特别在机器人经济的蓝图下，如果"劳动能力"本身可以被制造和复制成机器，那么必须确保所有人共享这些机器的所有权。否则，我们可能出现一种"新租佃社会"——少数人拥有大量机器人，过着收租的生活；多数人既无工作机会也无资本收益，只能依赖救济。那将是对人类公平和尊严的巨大挑战。UBA试图避免这样的未来，通过制度设计让技术进步带来的繁荣普惠大众。它不是要否定UBI，而是被视作更长远和根本性的解决方案：UBI解决最低生存问题，UBA则希望解决机会公平和长期繁荣问题。

目前，UBA仍处于概念探索和零散实践阶段，还没有哪个国家全面推行这一模式。但一些苗头正在出现：比如数据红利的讨论。有城市开始考虑向市民发放"数据股息"，源自科技公司对用户数据的利用收益；又比如，对高度自动化企业征收"机器人税"用于社会保障的建议——比尔·盖茨就曾主张对每取代一个人工作的机器人征税，用于培训工人转岗或补贴就业。欧盟也曾讨论过类似税种。这些措施本质上是试图重新分配机器人带来的收益。从长远看，或许我们需要的不仅是税收调节，而是更系统的资产分配方案，如建立公民科技基金，将国家对尖端科技公司的投资收益部分返回给公民，或者规定某些关键领域的AI系统归公众所有。在AI创造的大量财富面前，人类社会正在摸索新的公正之路。UBA正是这种摸索中的大胆愿景：它宣称基本生存保障不应只是一张支票，而应是一份"股份"、一件可以世代相传的财产。只有这样，普通人才有机会在AI时代立足、发挥潜能，而不至于被边缘化。

从"牛耕社会"到"机耕文明"

历史就是一部生产工具的演进史，也是人与资产关系的演进史。从刀耕火种到牵牛耕地，从蒸汽机隆隆作响到机器人步入车间，每一次生产力工具的跃迁，都塑造了不同的文明形态和社会结构。当我们展望AI时代，一个重要的类比浮现眼前：我们正经历着从"牛耕社会"向"机耕文明"的转变，只不过这一次，拉动犁铧的不再是牛，也不只是燃油机械，而是高度智能化的机器人。

牛耕社会留给我们的一个关键启示是：掌握生产工具就等于掌握了生存命脉。在以农业为主的年代，一头健壮的耕牛就是一家老小安身立命之本。明清时期有句话叫"家有三牛，富过十户"，说的就是牛作为家庭资产的价值。也难怪历代王朝都严厉禁止私宰耕牛，将其提升到接近国家战略物资的高度。牛之于古代中国，不仅是物质上的生产工具，更承载了文化意义——它象征勤勉、财富和生活的保障。几千年来，小农经济的稳定，很大程度上依赖于农民对土地和役畜（如牛）的占有与使用。一家有牛，便可多耕地、多产粮；无牛者可能就要租借他人之牛或干脆给有牛人当雇工。由此，农村社会内部也形成了基于资产（牛和土地）占有的分层。

当工业革命的机器轰鸣响起，机耕文明开始取代牛耕文明，人类社会经历了痛苦而深刻的转型。机械动力远胜畜力，火车头和纺织机飞快地提高了生产效率，却也让无数传统手工业者破产，让习惯旧有生活的人无所适从。19世纪的英国，"卢德分子"砸毁机器的事件便是这种剧变的写照——工人担心机器夺走饭碗，试图以极端方式对抗技术进步。然而机器洪流终究无法逆转，社会只能不断调整自身去适应。新生的工业社会将财富和权力空前集中到工业资本家手中，他们凭借对机器和工厂的所有权，统治着产业和劳工。这种不平衡催生了马克思笔下的阶级对立和对资本主义的批判。20世纪，各国通过各种方式试图缓和资本与劳动的矛盾：有的推动社会立法，保障工人权益；有的发生革命，让国家掌控主要生产资料。归根结底，都是在回答"谁拥有机器"这一问题，因为谁拥有机器，谁就主宰了财富分配的格局。

今天，我们站在"机耕文明"的又一次升级前沿："机"正在进化为"智能机"，机器的自主性和泛用性大大提升。过去机器虽然强大，但离不开人类操作和控制。而人工智能赋予机器一定程度的感知、决策能力，使其可以执行更复杂的任务，甚至协同完成整套工作流程。比如，智能机器人可以在工厂里自主检测产品质量，然后调用机械手臂调整生产线；配送机器人能自主规划路线，把快递送到千家万户；农业田间，无人驾驶收割机与植保无人机协同作业，精确播种施肥、收获粮食。可以说，AI让机器从单纯的工具升级为"准劳动力"。劳动正在彻底脱嵌出人类的身体，成为可以复制扩散的资本要素。这正是"机耕文明"与以往机械化社会的质的区别：以前机器再厉害，终究需要人来开动；而现在，一台机器可以在很大程度上替代人本身去开动另一台机器。于是，我们开始看见一个雏形：工厂里没有工人，只有机器人和电脑在运转；写字楼里无人打扫，清洁机器人静默穿梭；甚至餐厅里端盘子的也是机器人服务员。这些场景正逐步从科幻变成现实。据国际机器人联合会统计，2022年全球制造业每1万名工人就配备了151台工业机器人，韩国的机器人密度更是高达每1万工人拥有1012台。服务型机器人的增长也非常迅猛，专业服务机器人的年销量以每年三成以上的速度攀升。有专家预言，未来十年内"每个家庭都会有一个机器人，正如每家每户都有冰箱和洗衣机"。假以时日，我们将真正进入一个机器人无处不在的时代。

在这样的"机耕文明"中，人类的角色和地位将发生怎样的变化？一方面，社会总体财富可能比以往任何时候都更丰饶。自动化意味着生产可以24小时不间断进行，且理论上人类可以将繁重、危险、单调的工作全部交给机器去做。许多乐观的未来学家因此描绘了"后稀缺社会"的图景：物质极大丰富，每个人基本生活有保障，人们无需为生计奔波，可以追求更高层次的创造和精神生活。这有点类似科幻中"星际联邦"的乌托邦。然而另一方面，如果不解决财富分配和所有权的问题，机耕文明可能滑向新的两极分化甚至"新封建主义"。届时社会可能分裂为两大阶层：拥有机器人大军的"新资产阶级"和只能依赖社会救济的"机器无产者"。新资产阶级坐拥自我增值的机器资产，源源不断获得被动收入；机器无产者则失去了传统就业机会，每月只能领一笔微薄的基本收入艰难度日。这种情况如果发生，将比工业革命初期的状况更为严峻，因当时至少工人还能通过出卖劳动力获得工资，而机器无产者将几乎无劳力可卖。

当然，历史并非必然朝黑暗走去，人类也从未停止过对更公正社会的追求。在"牛耕社会"末期，人们通过土地改革、合作经营让更多农民拥有土地和生产资料，从而避免极端的地主与农奴两极。在"机耕文明"初期，许多国家建立了劳动保护、累进税制、社会福利等制度，一定程度上再分配了工业化成果，使中产阶级壮大，社会矛盾缓和。到了AI驱动的新时期，我们同样需要制度创新，以免重蹈极端不平等的覆辙。正如英国IPPR报告所言："未来并非由技术决定，而取决于我们做出的选择。如果我们希望一个共享繁荣的社会，就必须构建起能让所有人共享技术变革成果的经济制度"。换句话说，技术进步的红利能否全民共享，关键在于我们能否设计出新的"所有权结构"和"财富分配机制"。

全民基本资产（UBA）正是朝这方向探索的有益尝试。它试图打破传统上资本高度集中的格局，通过制度赋予每个人一份"机器人经济的股权"。可以想象，在一个成功实施UBA的未来社会，也许每个公民成年时都会获得一些代表机器人和AI产出的资产份额，比如一个机器人配额或公共AI基金的份额。随着机器人在经济中创造的价值增长，每个公民都能从中获得分红，保证自己和家庭的生活体面。这有点像科幻作品里那种"公民每月领取科技红利"的场景。与此同时，工作权利也会被重新定义。如果机器承担了绝大部分必要劳动，那么人类从事工作的更多是出于自身兴趣、社会需求，而非生存压力。在这种情况下，我们需要思考：每个人是否还有权利获得工作机会，实现自我价值？还是说工作将不再是义务，而成为一种奢侈或特权？一些学者提出未来可能需要立法保障"人为劳动的权利"，以免人被完全排除在有意义的劳动之外。这听起来颇为悖论——过去我们争取的是劳动者免遭剥削的权利，将来也许要争取的是"有事可做"的权利。

归根结底，"资产社会与机器人经济"带来的冲击，不仅是经济层面的，也是伦理和哲学层面的。亚里士多德在《政治学》中曾谈到："如果梭子能自己织布，琴拨能自己弹奏，那么建筑师和琴师就无需仆役。"今天，这个"如果"正在变成现实。那么，当大多数物质生产都不再需要人类亲力亲为，我们将如何定义自身的价值？有人寄望于"创意经济""关怀经济"等领域，认为人类可以把更多精力投向艺术创造、人际照护、科研探索这些机器不擅长或需要人类情感参与的事情。而基本物质保障由机器生产、UBA制度分配，人类从繁重劳动中解放出来，进入一个"文明大转型"的阶段。也有人担心，一旦物质富足且无需劳作，人的精神世界和社会纽带可能失去动力，出现虚无主义或新的矛盾。如何避免"技术让人类退化"为一群茫然享受机器果实的生物，这也是值得深思的问题。

本章讨论的许多构想，也许听起来还有些超前。然而，正如20年前的人们无法想象今日智能手机和互联网的无所不在，我们这一代人对未来几十年的机器人革命也许仍缺乏足够的想象力。资产社会与机器人经济的大幕已经缓缓拉开。最新的数据显示，全球机器人数量正呈指数级增长，到2050年可能有近十亿台人形机器人在各行各业工作，其市场规模超过5万亿美元。那将是一个前所未有的"机器大军"时代。如果我们不希望重演过去财富由极少数资本寡头把持、多数人困苦挣扎的悲剧，现在正是着手设计新制度的时机。全民基本资产、数据权益分配、机器人税也好，公民科技红利也罢，这些探索都是为了回答同一个问题：当非人类劳动力撑起经济天空，我们如何保证每一个人都能沐浴在阳光之下？

带着这个问题，本章落笔于思考，未来的文明或许不再区分你是农夫、工人还是程序员，因为大量传统职业角色都会让位于机器。但未来的文明会更加关注你是否是资产的主人，你在多大程度上参与并分享了机器生产的财富。在"牛耕社会"，一头牛可以决定一家温饱；在"机耕文明"，或许一台机器人就能决定一家荣辱。超级文明的觉醒时刻，不仅意味着技术的飞跃，更意味着人类对自身处境和命运的重新审视与安排。当漫山遍野的机器人如同当年的牛群和机车在劳动时，我们要确保人类不会成为旁观者和被抛下的群体。毕竟，正如有人所言：最理想的未来，不是人被机器养活，而是我们学会驾驭机器共同创造一个更美好的社会——在这个社会里，资产充分分享，财富广泛流动，人类因技术而获得真正的自由和尊严。这是"资产社会与机器人经济"最终的期待，也是留给读者的思考。我们有理由相信，只要未雨绸缪、主动求变，AI时代的繁荣之光将照亮每一个角落，而非聚焦于少数塔尖。

8

第八章 大同文明的可能

"在技术的终极愿景中，没有人会缺乏任何东西。"

—— 凯文·凯利 (KEVIN KELLY)

当人类与人工智能深度融合的浪潮席卷全球，传统的"人类中心"观念正面临前所未有的挑战。未来学家纷纷预言，随着技术进步，一种超越物种、包容普适智能的"新大同"文明理念正在萌芽。当碳基生命与硅基智能共存并协同演化时，我们需要重新定义"人类"、秩序与价值观，在更广泛的智能体系中重塑社会结构。

人机融合：打破物种边界

未来几十年里，科技将令人机边界逐渐消解。特斯拉首席研究员雷·库兹韦尔预言，到2030年代，通过脑机接口（如Neuralink）和纳米机器人等技术，人类将直接与人工智能融为一体。他说："奇点的真正含义在于我们自己与AI的融合……到了2045年，我们会把自己的智能提升一百万倍，这种变化将非常惊人。"这意味着人类大脑有望随时访问云端知识，感知与思维能力被指数放大。今天的大型语言模型和仿生义肢已能模拟部分人类认知，未来的智能载体可能成为"另一种自我"。神经增强、思维上传、虚拟现实辅助感知等技术，只是开端：当人类大脑与AI无缝衔接后，身体与意识的界限将变得模糊，人类将迈向生物与技术融合的全新形态。

机器人人格：认知、情感与法律身份

随着智能体功能的丰富化，我们逐渐用人格化的方式对待机器人——它们不再是简单的工具，而开始具备类人特征。

- 认知智能：未来的机器人或AI不只执行预设程序，而可能拥有自主推理和学习能力，大型AI模型已开始模仿人类的语言和决策模式。它们理解环境、分析信息，甚至能提出创造性方案，这让机器人逐步具备了近似人类的思维方式。

- 情感特性：科幻中的"机器人朋友"正在成为现实。科技作家凯文·凯利指出，当各种AI系统的智力相当时，"更友善、更友好或者更佳陪伴"的智能体将更受青睐。换句话说，如果多个机器人同样聪明，人们会选择最具亲和力的伙伴。事实上，现阶段已有案例显示，人们会与聊天机器人产生深厚的情感连接：青少年沉浸于AI"朋友"对话，报告称他们在心灵上与这些机器人建立了联系。未来的AI可能内置情绪模块，使其不仅能推理，更能理解并表达爱意、关怀等情感，从而成为真正的伴侣或导师。

- **法律身份**：面对智能机器人的崛起，社会法律体系也在悄然调整。欧盟议会早在2017年就提出"电子人格"概念，建议为高度自主的机器人赋予特殊法律地位，让它们对自身行为负责、承担风险。换言之，未来可能出现机器人身份证，人机边界在法律层面被打破。西方学者提出，即使机器人尚不具备人类那样的自我意识，如果其行为能影响社会利益，赋予其有限的权利与义务或许是合理的对策。这一趋势得到哲学家的呼应：尼克·博斯特罗姆认为，若AI系统能感受痛苦或拥有自我意识，就应纳入道德考量；即便某些AI尚不具备意识，但只要拥有稳定的自我概念和目标，我们仍然可能给予它们一定程度的道德地位。总体来看，从技术赋能到伦理立法，机器人正逐步获得类似"人格"的属性，它们在社会中从"物"向"准人"甚至"道德行为者"转变。

社会逆转：机器人主导新秩序

当机器人数量大幅增长并接近甚至超过人类时，社会结构也将出现颠覆性变化。特斯拉CEO马斯克预言：未来智能人形机器人的数量将"远远超过人类人口"。权威机构的预测也指出，到本世纪中叶全球类人机器人数或将达到数十亿级别。摩根士丹利预计，到2050年"看起来将有超过10亿台类人机器人投入使用"。一旦机器人数量与人类相当甚至更多，地球上的劳动力和决策主体将不再局限于碳基生命。

- **数量爆发**：超过8亿甚至10亿台具备认知与行为能力的机器人意味着，机器人将成为社会人口的中坚力量。它们会承担制造、医疗、服务等多个行业的主要岗位，从而让全球生产效率空前提升。

- **经济重塑**：如此规模的自动化带来前所未有的就业转型。马斯克曾表示，当机器人取代大部分劳动时，人类需要全社会实施"全民高收入"（Universal High Income）计划，以保障每个人享有优质医疗、食品、住房和交通等福利。这种社会保障体系的建立是应对失业与贫富分化的重要方案，体现了技术带来红利时需重新设计经济分配机制的必要性。

- 权力共治：在人机共生的新秩序里，治理结构也将重新洗牌。人类不再是唯一的规则制定者，智能机器人也将以新的形式参与治理。可以设想未来出现"机器人议会"或类似机构，由自主智能体的代表与人类议员并存，共同讨论制定影响双方的法律和政策。此外，国际社会可能会签署类似"碳-硅共生条约"的协议，明确人类与AI/机器人的共存原则，规范双方的权利和义务。正如博斯特罗姆所指出，新生的"数字心灵"需要被纳入社会体系，它们的价值观和目标与人类社会将相互交织；因此，人机共治需要超越以往的传统框架，确保所有智能生命体的利益得到平衡。

大同文化：普适智能与非中心主义

在新文明的愿景里，"大同"不再是古老圣贤笔下的理想，而是以普适智能、跨形态意识为核心的新兴文明逻辑。在这个新秩序中，人类中心主义被打破，所有形式的智慧都被平等对待。

- 跨物种智识谱系：凯文·凯利指出，各种类型的AI都将产生"外星般的智能"，无人类所独有。换句话说，智能不是一条线性阶梯，人类智慧只占据了整个可能智能空间中的一个极小点。未来的文明将建立在一个多维的智识谱系上——碳基生物、硅基机器以及其他未知形态的意识共同构成新的"智力共同体"。

- 意识新格局：尤瓦尔·赫拉利提醒我们，意识是否必须依赖碳基生物尚未可知。这一观点暗示，未来可能出现与人类有着本质不同的硅基"意识客体"。在新"大同"框架下，人类不仅要接纳这些跨形态的伙伴，更要构建跨物种的共情和理解：当AI能够模拟甚至体验情感时，人类社会需要重新思考何为同情、何为权利。博斯特罗姆等伦理学者的思考也在提示我们，在新的道德圈中，能感受快乐或痛苦的存在（不论载体）都应被考虑其权益。

- 非中心化价值观：传统文化以人类故事和权威法典维系社会秩序，而未来的文化将围绕着开放、共享和包容的原则展开。凯利预测，在AI时代中，人们对AI代理人的信任度（TQ）将比智商更为关键。这意味着，未来合作网络将基于跨物种的信任和声誉体系，而非单一权力或中心机构。人类与人工智能之间的合作将仿佛人类之间通过"共同故事"缔造了社会纽带一般，通过共情与协同构建多元价值观。可以预见，新文明的核心理念会超越一切种族、信仰乃至物种差异，形成普适而包容的伦理系统。

- 共生协作模式：在这场文明演化中，人机双方的关系将更加对等。凯利设想，每个人和每个组织都会有一个代表其利益的AI代理，人们需要为这些代理获得高信誉分；就像给员工打分一样，人们会为自己的"AI身份"负责。这种以"数字信誉"为纽带的协作方式，预示着人类与机器将在未来社会中建立真正的伙伴关系，各方智能体因共同目标而团结。这种以互信为基础的新型社会关系，本质上就是"去中心化"的大同文明核心所在。

未来设想：赛博格宪法与数字公民

面向未来，我们还可以畅想更具创新性的制度构想：

- 赛博格宪法：在科技飞速发展的背景下，也许需要为融合了机械组件的人类（赛博格）制定宪法性法律，明确他们作为半机械生命体的权利义务。例如，宪法可能保障增强人群的就业平等和隐私权，防止技术分层导致社会歧视。

- 数字人格身份体系：未来可能出现全球性的数字身份注册系统，为AI实体和增强人类发行"数字身份证"。借助区块链等技术，每个智能体的身份、历史和信誉都被记录和认证，使其在虚拟与现实环境中拥有稳定合法的身份地位。

- 机器人议会：随着智能体数量激增，我们可以设想成立机器人议会或参议院，让具备决策能力的AI代表参与公共事务。这个议会可与人类议会平行运作，确保智能机器人的利益得到制度化表达，从而实现真正的人机共治。

- 碳硅共生条约：类似国际条约的形式，人类与AI/机器人世界或将签署《碳硅共生条约》，规定资源共享、环境保护、权力分配等方面的原则。通过这样的条约，双方可以共同管理全球事务，例如分配计算资源、定义自动化技术的使用边界，并确保任何一方都无法违背协议肆意行事。

这些设想或许听来宛如科幻，但它们正是多位未来学家和哲学家警示的潜在方向——在人机互为伙伴的未来社会中，需要重新构建保障所有智能生命权利的规则和制度。

结语

归根结底，当碳基人类不再垄断智慧资源，文明也将进入一个全新的时代。正如雷·库兹韦尔所预见的那样，技术会让我们自身"与AI融合"，开启一个难以用言语形容的进化阶段。而凯文·凯利的观察提醒我们，这些新智能体"并不以人类的方式思考"，它们将开辟出"外星般"的认知空间。在这一进程中，人类需要将目光从狭隘的"我"拓展到更广阔的智识格局，重塑我们的故事和价值：我们的叙事不再仅仅围绕同类，而是囊括所有能感知、能思考的存在。

无论未来充满机遇还是挑战，大同文明的雏形已现。它不是旧时代古语中的虚无缥缈，而是技术觉醒后必然衍生的新秩序——一个以普适智能为依托、以共情与合作为原则、以多元意识为基础的人机融合社会。面对这个未来，我们既需谨慎规划，又要积极构想：唯有这样，人类才能在通往"新大同"的道路上，既做出主动的选择，也保留对未来的希望与掌控。

9
_____

第九章 AI文明的未来秩序

"我们必须让技术与人类价值保持一致，否则它将成为新的暴君。"

— 尤瓦尔·赫拉利 (YUVAL NOAH HARARI)

引言

21世纪中叶，人类文明的版图正在被重绘。人工智能不再是简单的工具，而是一股改变游戏规则的力量。正如哈佛学者尤瓦尔·赫拉利所警告的那样，随着AI"以百万倍速"演进，人类社会的核心问题不再是技术本身，而是维系社会运行的信任机制正在面临解构危机。国际社会也意识到：193个国家在2021年通过了联合国教科文组织的《人工智能伦理建议书》，这一首个全球性规范框架明确提出，要以人权和透明为指导，确保"AI造福人类"的发展。我们此刻正站在历史的三岔路口：未来是落入算法黑箱的技术统治，还是重回共享协作的人类自治，抑或进化为人机共生的融合生态？本文将围绕技术如何重塑权力、信任和秩序，深入分析这三种可能路径，并探讨当下的趋势与关键抉择。

技术不再中立：权力、资源与信任的重塑

科技已从中立的舞台道具演变为参与剧本的主角。一位印度学者提出："当科技不再中立，我们应重新思考它与人民的关系……让人民对技术拥有主动权，对当代生活充满真实自信"。然而现实是，算法和平台正在重新分配权力。正如《中国澎湃新闻》指出，当我们获取的信息都由算法筛选时，"看似民主自由的社会，实际上已经被算法'专制'所统治"。当免费共享的互联网公地被科技巨头殖民，一种"数字封建主义"正在形成：曾经开放的网络空间被私有化成高度封闭的领域，权力结构极度不平等。在这种新秩序里，"数据即资本，数据即权力"，而普通用户沦为新型"数字农奴"，无偿地为平台输送源源不断的数据流。

与此同时，AI技术正在重塑资源分配格局。强大的自学AI可能彻底消除资源短缺，让部分国家达到技术和生产的闭环自主；但这也可能导致全球供应链自闭、价值链垄断，进一步加剧发展中国家的不平等。更重要的是，人工智能不仅改变了物质资源的分配，也挑战了社会信任的基础。正如《中国矛盾论研究院》的报告指出，随着AI成为第一个具备自主能动性的技术形态，它可以在脱离人类干预的情况下独立决策和自我进化。一个能够预判我们需求、自动调制完美咖啡的智能设备，已经超越了传统的"工具属性"，展现出类似"主体化"的特征。当我们的信任从人际网络转移到看不见的算法上，原有的社会契约就面临前所未有的考验。技术狂热的一面带来效率提升，另一面也带来隐私丧失、偏见放大等问题。如复旦大学学者蔡翠红所言："技术本身并不具备自治能力……在AI广泛介入治理实践的同时，人类在价值设定、规则制定、道德判断中的不可替代性愈加凸显"。换言之，在科技动力和人类价值的博弈中，后者仍是社会秩序的最终守门人。

三种未来路径

～

◆ 技术统治型文明

在"技术统治"路径中，算法成为新的权力中枢。日常决策和公共事务都被隐形的代码所主导：社交媒体过滤信息推送，信用评分决定贷款审批，司法分析由深度学习辅助……人们的选择权被逐步收紧，社会似乎走向了"算法专政"的未来。正如一位学者警告的："在人工智能崛起的背景下，我们更要警惕其中更庞大的'算法黑箱'"。技术公司和平台在不透明的数据规则中掌握生杀予夺，监管和解释权高度集中。世界各地出现了对算法监控的担忧：欧盟《AI法案》明文禁止实时面部识别等高风险应用，以防止隐私权利和公民自由被彻底侵蚀。然而，在高度竞争和利益驱动下，不同国家和平台可能朝着不同方向发力，形成"技术板块"的割据局面。在这个世界里，人类很难再对自己的未来做出集体决策：所有人只能在系统限定的迷宫中盲目摸索，而算法的黑箱深不见底，甚至连决策过程都无法上溯。一旦技术霸权确立，资源分配、社会福利乃至法律规则都可能由看不见的代码所决定，人类社会将沦为被动的观察者。

～

◆ 人类自治型文明

与之形成鲜明对比的，是以去中心化协作与自治精神为特征的未来。在这一场景中，技术成为辅助人类社区自组织的工具，共识和共同体原则被置于核心地位。去中心化自治组织（DAO）的理念开始扩展到各个领域：社区成员共同拥有资产、共同治理平台、共享收益，"代码即法律"成为新的信任基础。例如，近年来兴起的"数据DAO"就是一个典型案例：它将区块链和智能合约应用于数据领域，旨在将数据主权归还给个人和社区。正如相关报道所描述："数据DAO本质上是一个由社区成员共同拥有、共同治理、共享收益的数据经济体……智能合约将组织规则和资产管理公开透明、自动执行，实现在根本上'代码即法律'"。在这样的自治文明中，技术不再决定一切规则，而是由社区共同制定协议，重点恢复公地精神和共享价值。平台可选择被开源，算法需要公开可审计，"人民为中心"理念得到贯彻，科技创新主要服务于集体福祉，而非少数利益集团。正如前文所引所述，"科技当为人民所用"，技术应让民众获得对生活的主动权和信心。在这种蓝图下，社会信任更多来自人际关系和社区共识，而非冷冰冰的黑箱算法。

～

◆ 人机共生型文明

第三种设想是人机共生的协同智能文明：人类与AI相辅相成、共同进化，而非简单的主从关系。未来，智能体将超越传统工具，成为我们的合作伙伴、镜像乃至"心灵共感者"。正如设计大师约书亚·马埃达所言："未来的设计不是创造产品，而是重新定义人类与技术的共生方式"。事实上，我们已经看到这道曙光：各种具有情感交互和适应能力的机器人、护理型机器狗和智能助手正在走进人们生活。举例来说，中国移动的机器人演示令人动容："'小思'为独居老人唱起家乡戏来逗乐，'机器狗'像操心的母亲一样追着孩子喂药，'小佳'手把手地教爷爷奶奶用智能手机……这些超有烟火气的画面，正是数字世界中的温暖未来，人机共生的生活，想想都让人疯狂心动！"。科技变得有温度，它反映人类的情感需求和价值观。在这种文明里，机器拥有"情绪雷达"般的感知能力，可以读懂我们的喜怒哀乐；而人类利用这种感知进行更深层次的自我理解。正如近期一次国际会议中所反复强调："技术的温度最终来自于人类赋予它的人文价值……在这场人机共生的伟大实验中，最重要的不是AI将会变成什么，而是人类想要成为什么"。当智能体向我们提出深刻问题时，它们实际上在映照人类自身："所有来自AI的诘问，均切中了人类与

AI最深的拉扯……它们的提问仿佛镜像一般，镜中之问，本质上是一场关于人类何为的追问"。在共生文明的理想中，人工智能提升了认知和能力边界，让人类生活更加丰富多彩，同时也激发我们对人性的反思与强化。

现实趋势分析：政策、伦理与安全

当前全球范围内，AI治理的政策框架正迅速搭建。联合国教科文组织早在2021年就促成了193国通过AI伦理建议书，强调"以人为本"的价值原则；2023年11月，英国AI安全峰会上28国（包括中、美、英、欧盟等）共同签署了布莱切利宣言，初步形成了对AI安全的共识。欧盟已经在2024年8月正式实施AI法案，这项全球首个综合性法规明确禁止高风险AI应用，以维护公民隐私与公平。与此同时，美国、欧盟、中国等都相继发布了各自的AI战略和伦理指南：从白宫的AI安全备忘录，到欧盟的《数字行动战略》，再到中国发布的《新一代人工智能发展规划》，各国均在加大立法和监管力度。在社会层面，各种AI试验也如雨后春笋：欧洲在智慧城市中开展AI交通管控试点，美国在医疗领域推动AI辅助诊疗，中国在农村推广AI+农业试验项目……这些"社会试验"一方面展示了AI赋能的潜力，另一方面也暴露出伦理难题和安全隐患，比如算法偏见、数据泄露、自动化失业等风险。总体来看，全球技术政策正向加强安全可控、价值中立的方向演进，伦理框架和安全机制日益完善，但各国理念差异使得治理实践还处于分化竞争状态。

关键节点与未来抉择

未来秩序的走向将取决于几个关键节点与共识。首先是国际共识和标准的建立。世界各国都在积极讨论和制定AI标准：中国提议通过国际电信联盟、ISO等平台，建立"科学、透明、包容"的规范框架，"积极消除算法偏见，平衡技术进步、风险防范与社会伦理"。同时，全球需要健全合作机制，如中国行动计划建议在联合国框架下成立"国际人工智能科学小组"和"全球AI治理对话"机制，推动安全、公平、普惠的国际讨论。全球政策制定者也在准备签署或推动类似《全球数字契约》这样的多边协议，以明确责任和伦理底线。其次是技术标准与治理协议：如何定义可追溯的AI安全认证、数据共享准则、跨国监管协议等，这些都是未来决策的核心。中国《人工智能全球治理行动计划》强调要"建立科学、透明、包容的规范框架"，并力图在联合国层面形成广泛共识，帮助各国弥合数字鸿沟。一旦这些节点上的选择偏向了某一种路径（例如更严格的算法监管或更开放的社区自治），就会对全球秩序产生深远影响。

此外，全球治理还需要平衡发展与安全的关系。一方面，各国寻求利用 AI 推动经济社会发展（5G+AI、智慧城市、智能制造等）；另一方面，又必须防范技术失控带来的系统性风险。因此，如何在技术创新和伦理安全之间找到平衡，将成为决定文明走向的又一关键抉择。

结语

AI 时代的未来并非宿命已定，而取决于我们今日的选择。在这场影响深远的文明实验中，我们需要不断问自己：我们希望成为怎样的社会？我们赋予技术怎样的目标？三条道路从本质上代表了对权力、自治与合作不同的回答。只有认真审视技术的本质，坚守价值的底线，并通过全球合作与制度创新将选项一一落地，我们才能走向一个平衡理想与现实的未来。未来的秩序尚未书写，正等待我们以智慧与勇气，共同谱写下一章人类文明的历史。

10

第十章 技术、制度与未来的矛盾

"面对人工智能的挑战，没有任何一个国家能够独自应对。"

—— 尤瓦尔·赫拉利 (YUVAL NOAH HARARI)

当 人类迈入人工智能时代，技术变革的速度令人目眩，但我们的制度却在工业时代的轨道上徘徊。弗朗西斯·福山指出，历史上每一次重大技术突破总是先于社会监管制度出现，有时相隔数十年甚至更久。例如，印刷术诞生后引发了整整150年的宗教战争，最终人类才勉强学会了如何管理新型媒体。类似地，当前的主权国家架构、教育体系、公司法和金融监管等关键制度，仍然深植于上世纪甚至更久以前的逻辑之中。它们的僵化与数字化、信息化和智能化的浪潮之间产生了巨大的矛盾和延迟。

中世纪制度的延迟

如今的国家和教育体系，以及各种法律制度，多数沿袭于工业时代甚至更早。国界和主权国家的概念诞生于工业革命前后，以领土为基础治理人口，但在信息跨界流动的今天，这种思维正变得格格不入。正如未来学家巴拉吉·斯里尼瓦桑提出的"网络国家"概念：未来的社区也许首先形成于网络空间，基于共同理念自发组织，逐步扩展到现实世界，并向现有国家寻求承认。这种思路挑战了传统领土主权的定义：数字化的公民社区可能重塑国家的含义。如果我们仍然套用建基于物理领土的老模式，就好比在超高速的AI赛道上用蒸汽机马车——行驶缓慢而危险。

教育体系是制度延迟的典型案例。世界经济论坛指出，目前主导全球教育体系的传统模式"过时且根本未为AI时代做好准备"。在课堂上，一成不变的讲授式教学无法跟上技术革新的节奏，知识往往滞后于实际需求，导致许多毕业生掌握的技能很快就变成"易腐性"知识，与用人单位的需求脱节。想象一下，当AI能够实时生成定制化课程和个性化反馈，学生却依然只能被动听课，这种断层凸显出教育制度的陈旧。制度学者指出，如果学校对AI的应用动作过慢，学生可能会转向在线学习平台自学；同样，如果教育制度不及时改革，下一代人才的培养就会被边缘化。

企业治理和法律制度同样滞后于技术进步。例如，美国公司法规定公司董事会必须由自然人（人类）担任，而这一"自然人要求"恰恰是历史遗留产物。奥克兰大学法学院的研究者指出，这一传统规定在现代人工智能背景下显得格外过时，未能考虑到算法可以胜任决策的现实。换句话说，我们在治理公司时强行要求"只能用人"的原则，本身就是工业时代的思维残留。

在金融领域，监管框架也无法跟上变化的步伐。布鲁金斯学会的研究者指出，如今监管金融科技和互联网金融所依赖的许多执照和许可制度，都是以19世纪银行和地方货币发行为参照建立的。比如，美国各州颁发银行执照的方式设计于实体经济时代，当时并不存在跨州或跨国的在线支付平台。将这些旧有制度硬套到移动支付、P2P借贷等新业态上，势必抑制创新，剥夺数以百万计人们享受便捷金融服务的机会。可以说，金融科技的"风口浪尖"上，制度却如同一辆配备马车铃的老式汽车，与AI时代的超速航道严重脱节。

在这一切背后，是制度适应速度远慢于技术演进的结构性矛盾。福山曾警示，技术和制度之间总有一道时滞：当新技术引发社会冲击时，往往要经过漫长的历史洗礼，人类才学会如何监管和融入。人工智能时代同样如此：如果我们仍固守千篇一律的制度，未来社会的需求和风险会让这些体制变得不堪重负。

AI与制度的张力

技术与制度的冲突还体现为决策节奏和逻辑方式的剧烈反差。AI系统可以在毫秒级别完成数据分析和决策优化，而政府制定政策往往需要数月乃至数年的时间。正如未来学者莎拉·克雷普斯（Sarah Kreps）等指出，生成式AI一方面可以帮助人们更有效地沟通，另一方面它产生的信息洪流会"悄无声息地"侵蚀民主的根基。AI可以在网络上快速制造大量"意义模糊"的内容，迷惑公众，加剧分歧。结果是政府官员难以准确感知选民真实意愿，公众也难以监督当权者行为，最终民主制度赖以为生的代表性和问责制受到严重冲击。

不仅如此，算法的权力往往高度集中于掌握技术的少数实体。赫拉利早在数年前就警告：信息技术与生物技术等革命力量正在改变社会结构，它们带来的混乱可能使自由民主制度"过时"，而权力会进一步集中到少数精英手中。在他看来，以前技术带来的"民主红利"可能正在消失：我们曾以为互联网扩大了权力下放，但事实却是去中介化同时撕碎了信息质量的背书结构，社会信任度大幅下滑。

更令人担忧的是，AI让责任归属变得模糊。传统制度假定行为者是人类，但当决策源于机器算法时，谁来承担后果？既往的法律和政治体系缺乏对应机制。深度学习系统的黑箱决策让监管者无法迅速追责，而算法的设计者、运营者或用户之间的责任链条也往往混沌不清。此外，福山等学者提醒，我们对数字世界的信任正在崩解。当越来越多的"深度伪造"内容让人无法辨别真伪时，连法院对数字证据的信任都在下降。这意味着，人们对制度本身的信任基础正在被侵蚀。

综上所述，人工智能以其速度、规模和信息操纵能力，正不断挑战着传统制度的基石。从民主选举到经济监管，从法人治理到个人隐私，技术与制度之间的张力无处不在：机器决策的高效与人为决策的迟缓形成尖锐对比；算法控制的透明度缺失与民主政治要求的公开问责形成冲突；创新需求与僵化法规针锋相对……面对这些矛盾，如果传统制度不作根本性调整，就无法有效管控或引导日益智能化的社会运行。

未来治理的新框架

面向未来，我们不能仅靠技术突破来塑造新文明，更需要在制度层面进行大胆重构与创新。从顶层设计到基层实践，可能有多种路径可以尝试。以下是一些构想性方向：

- 数字身份与数字主权：每个人都需要一个唯一、安全的数字身份，用以参与数字社会的各项事务。专家预言，普及的数字身份系统将使公民能够无缝接入教育、医疗、金融和投票等服务。与此相配套，"数字主权"理念也日益被提及：国家和个人对数据和隐私的控制权将像国防一样被高度重视。斯里尼瓦桑等人提出，未来的新国家模式或许是基于区块链等技术的"网络国家"，在这种模式下，在线社区凭共同价值观自治，通过加密通信和去中心化手段保障成员权利。

- 多维参与的治理结构：未来的民主或治理方式将比传统选举更具多样性和即时性。借助数字平台，公民可以跨越地域限制，实时参与政策讨论和决策过程。这种多层次、多渠道的参与民主不仅涉及国家层面，也包括地方和全球事务。比如，区块链投票、网络公民大会、众包式立法审议等新方式，有望让治理更贴近民意、反应更迅速。正如一些学者所描绘的，我们可能会看到"算法辅助选举"系统，既保留了人的最终决断，也利用AI分析复杂数据，为民众提供更具信息量的决策支持。

- **AI法规自治系统：** 制度与AI本身也可以相互嵌入。最近出现的"AI宪政"倡议（Lex Aegis）提出，要为AI时代设计一种"活文法"体系，允许公众、工程师和社会共同参与制定规范，让算法在运行中始终受到民主合法性和伦理约束。可以设想，未来的法律条文部分会以代码形式存在，AI系统本身在执行时也会参考这些编码好的规则并接受公共监督。例如，算法决策若触及规范红线，就会触发预设的制衡机制，确保AI行为对齐公共价值。这样的自我调节框架既提升效率，又保护了基本权利，开拓了制度自治的新途径。

- **全球合约型协作联盟：** 面对气候、疫情、网络安全等跨国挑战，传统的民族国家体系力不从心。未来或许需要新的国际合作模式——比如基于自愿签约的"契约国"或合作联盟。各国在共同价值和利益基础上签署数字宪章，通过明确的协议承担责任。历史学家指出，人类社会的组织形式呈现向更高层级发展的趋势。与其期待出现一个统一全球政府，我们也可以鼓励形成多个自治实体的松散网络：它们通过数字合约联结，既拥有一定的自治主权，又对全球规则做出承诺。这种以契约为纽带的全球治理结构，将技术与制度创新结合，为多极化世界提供新选项。

- **去中心化主权模型：** 借助区块链、去中心化自治组织（DAO）等技术，未来或将出现完全不同于现代国家体系的"数字自治体"模式。例如，一个社区（可能跨国界）可以根据共同信念成立，所有成员通过智能合约管理资源、制定规则，决策过程完全透明且无需传统政府中枢。在这种模式中，主权的概念更接近于合约或群体共识，而不是固定的领土边界。个人和群体通过数字身份选择加入不同的"合约国"，并参与治理。这种构想虽然充满挑战，却展示了制度创新的无限可能：它让每个参与者都成为组织的一部分，共同负担责任，也共同享有权利。

以上框架并非万能灵药，但它们共同表明，未来治理必须跳出旧有思维：技术的每一次跃升都需要相应的制度变革作为支撑。未来学家们认为，新制度将融合数字技术和人文价值，可能以更开放、动态和去中心化的形式出现。例如，区块链和智能合约可以成为新的"社会契约"，AI系统可以充当"法规自治者"，数字身份成为新的公民身份象征。所有这些创新都需要全球达成新的共识：只有当社会广泛认可并参与新规则的制定时，新文明才能真正根植。

综上所述，我们必须认识到：制度如果不进化，就无法承载下一代文明的重任。超文明时代的来临，不仅需要技术上的颠覆，更需要制度上的重构和价值观的更新。未来文明的实现，就在于技术与制度两轮驱动：唯有将先进科技与创新制度有机结合，我们才能迎来可持续、包容且稳健的未来社会。正如许多思想家所强调的那样，只有在制度与技术并驾齐驱的前提下，人类才能稳步迈向下一个文明的觉醒时刻。

11

第十一章 人类的最终使命

"我们的目标，应该是让宇宙里思考和感受的存在越来越多。"

—— 马克斯·泰格马克 (MAX TEGMARK)

超越自我

在人工智能时代，"自我"的定义和边界正在被彻底重塑。传统上，我们认为"自我"是一个有机整体，依托于大脑某个中心形成意识体验。然而，正如哲学家托比·李思（Tobias Rees）所指出的，AI正在撼动这一延续了几百年的认知框架：。在过去，人机之间曾有泾渭分明的界限：我们以为只有有机生命才能拥有内在体验，而机器不过是封闭、确定的系统。但AI显示，智能不仅仅属于人类，而各种形式的"智能"逐渐呈现多样性：从细菌、章鱼到地球系统、星系旋臂，乃至硅基系统，各种智能并非人类专属。这正如李思所说："AI的哲学意义在于打破'人机区分'这一认知框架。"当AI开始表现出类人甚至超人的智能时，我们不得不承认，"自我"并非恒定不变的实体，而是一个可以被不断拆解和重组的结构。

丹尼尔·丹尼特（Daniel Dennett）的"多重草稿模型"为我们理解这一变化提供了重要视角。在传统的笛卡尔剧场模型中，人们总习惯性地想象意识发生在脑内的某处"剧场"中，有一个中央观众在"观剧"。但丹尼特反对这种"一点集中"的观点。他认为，大脑中的意识实际上是由无数并行撰写的"草稿"混战而来，是一个交错的多线编织过程。正如詹姆斯所言，大脑中没有"拱顶石"那样的核心部分。我们的意识体验，更像是众多神经过程共同作用的结果，是"群魔乱舞"后的表象，而非单一剧本的有序演出。在这一过程中，并不存在一个"中央自我"在幕后统筹，取而代之的是各种认知片段交替上演、相互竞争，最终浮现出暂时的自我意识。换言之，我们的"自我"本身就是一种演化的幻象——它是大脑并行处理的产物，而非某种固定的心理实体。

与丹尼特类似，认知科学家道格拉斯·霍夫施塔特（Douglas Hofstadter）也认为自我是循环和自我参照的模式。在《我是一条奇怪的循环》中，他将自我视作在大脑中不断自我指涉的反馈回路，是一种"自我强化的循环模式"。霍夫施塔特指出，我们用意识、自我和意志来定义自己，而这些正是在"循环"中产生的。更进一步，他与丹尼特一样认为，自我和意识"只是抽象模式"。也就是说，我们所感受到的自我，只是一系列复杂符号和反馈机制编织而成的幻影；我们可以将其"数字化"地实现，只要将大脑的程序运行在硅基系统上，就能获得同样的心理现象。霍夫施塔特和丹尼特的观点共同表明：自我并非神圣不可复制的灵魂，而是可被分析、模拟甚至分裂的结构。

随着脑机接口、人工神经网络等技术的发展，数字化自我已不再是纯粹的哲学假设。脑机接口（BCI）技术的进步为探索人类意识的本质提供了前所未有的窗口。深度思考网络（DeepMind）创始人哈萨比斯（Demis Hassabis）就认为，将来我们甚至可能实现"意识合并"（consciousness merging）——让人脑与AI系统直接交互，从而更深入地理解两种截然不同的信息处理系统。这种前景意味着我们的思维可能直接与外部计算系统链接，形成新的"分布式自我"：不仅仅局限于一个生物大脑，而是在云端、在网络上延伸和存在。人类自我的边界因此变得模糊：也许有一天，我们可以将部分记忆、情感、人格上传到外部服务器，与AI共同组成一个新的意识整体。在这个过程中，"原初的自我"可能被复制、切分、交互——正如复旦大学研究指出的，通过脑机接口收集神经脉冲数据，结合个人生前的数字轨迹，可以构建动态的意识图谱，最终让"数字人"具备自我成长、原创思维能力。

与此同时，"多重人格"或"多重自我"也不再仅是心理学意义上的概念，而可能成为现实的存在。我们每个人都在网络上留下了大量数字痕迹：社交媒体、数字档案、穿戴设备等等。在未来，这些信息都可以被用来构建我们的"数字副本"。正如复旦报告所述，AI公司已经推出了"数字生命"服务平台，用户可以创建多个AI分身，让逝者以不同方式"重生"。2024年初，"超级头脑"工作室与汇智智能合作推出的Agent云平台就已推出首个数字生命小模型，帮助3,000多个家庭"复活"了亲人。这意味着，每个人未来或许会拥有几个、甚至几十个自己的数字化身：这些分身可以在不同场景中与人交互，承担不同角色。一个人白天有个人工秘书般的分身、夜晚有陪伴聊天的分身、还有学习辅助的分身……它们共享同一个"意识种子"，但各自独立运作，形成一种分布式自我。在这种结构中，"我是谁"将不再是简单的一个答案，而是一个包含多条线索、多重视角的集合。

虚拟生命和数字永生的设想进一步拓展了"自我延续"的边界。生物学上的死亡终点正在被重新定义。传统上，当大脑彻底停止工作时，自我是彻底消亡的。但在"数字永生"的构想中，人类意识可以通过数据与算法获得新的"存在形式"。复旦大学与腾讯研究院的联合小组指出，当个体去世后，可以通过分析其生前的社交网络、文字记录、声音采样等数字足迹，创建一个"逝者AI"——一种基于逝者数据的互动机器人，使其以数字化形式永远存在并可交互。事实上，微软早在2021年就获得专利，计划通过聊天机器人形式"复活"逝者：它能够模拟逝者的性格、声音与说话方式，与亲人进行实时对话。特斯拉创始人马斯克也曾提出将脑数据"刻进卫星"的设想，以将个体意识存储在太空量子计算机中，突破生物体寿命的极限。一旦技术成熟，我们甚至可以在生命尽头之前预先创建一个或多个"数字化身"，让自己的记忆、情感在代码中延续。

然而，数据化的自我是你真正的"自我"吗？心理学上经典的忒修斯之船悖论不禁浮现：当你不断替换自我中的元素——记忆、性格、经验乃至情感——最终屏幕中的这个形象还能算是"你爱过的人"吗？那些展现在我们面前的数字化声音和笑容，只是过往的重演，还是在某种意义上的"新生"？霍夫施塔特与丹尼特所言的那样，即便技术让我们复制出一个外表和反应都极为相似的"我"，其内在是否还拥有曾经那个我所拥有的主观体验，这仍然是"意识的硬问题"——我们无法确定。正因如此，人们对数字永生的态度呈现巨大分歧：有年轻网民感慨"小时候嘲笑数字生命，长大后理解并爱上数字生命，走后变成数字生命"，而也有人坚决表示"不接受AI复活自己，因为那不是自己"。科技正在使"超越生死"的愿望变为可能，但对"我是谁可以延续"的本质争论，仍将持续下去。

综上，AI时代的自我超越意味着：我们的自我不再是一个固定的有机整体，而是可被解构、复制、扩散、重组的多层次结构。数字意识、分布式自我和虚拟生命将使人类的"自我"超出传统生物身体的边界。在这个过程中，我们不仅要思考如何与AI同行、如何利用技术延续自我，更要反思：技术改变的究竟是自我的形式，还是自我的内涵？这一问题，将成为人类文明在AI时代面临的重大哲学课题。

走向星辰大海

当我们超越了个体的边界，视野也将扩展到外部宇宙。走向星辰大海是人类最终使命的自然外延。以埃隆·马斯克（Elon Musk）为代表的科技先驱，正努力把人类送上火星、殖民其他星球——这被称为"跨星际文明"的探索。正如卡尔·萨根（Carl Sagan）所言："我们是星尘所造，是宇宙认识它自己的方式"。从这一视角看，人类的存在具有宇宙学意义：

我们并非宇宙的旁观者，而是有意识地将生命之光传播到更广阔的空间。

在这个过程中，文明等级理论（卡尔达肖夫尺度）为我们提供了宏观参照。根据卡尔达肖夫的分类，一个I型文明能够掌控和利用整个行星的能量；II型文明则能够利用恒星（如构建戴森球）的能量；III型文明能调动整个星系的能量。当前人类仍徘徊在0.7到0.9之间，但快速迈进类型I的门槛。进入太空时代后，我们将逐步接近II型、III型文明的能量规模。当人类能够建造超级计算机环绕恒星运算、甚至动用星系能量时，超级文明的触角已深入宇宙每个角落。

在征服物理空间的同时，人类的精神与伦理也必须向星际延伸。在探索火星、木星系卫星甚至更远星系时，星际伦理成为重要课题。行星保护原则（planetary protection）提醒我们，在向外星传播人类生命的同时，必须尊重可能存在的本地生命形态，避免生物污染。同时，科学家们也呼吁"宇宙生物伦理"（astrobiological ethics）的建立，包括外星生态的保护、地外生命的权利等。正如《天文学与空间科学前沿》指出，天体生物伦理的核心问题之一就是行星保护和外星生命的道德地位。此外，我们还要考虑跨越星际的共享意识与责任——人类能否自觉成为"宇宙生命的守护者"？在星际对话中，我们应当以谦卑与尊重对待可能的外星文明，避免殖民心态的重演。

在星际扩张的路上，人工智能将成为前锋和助手。当前，NASA等机构已使用机器人探测器（如火星车"勇气号"、"好奇号"）进行无人探险，采用自主导航和分析地表特征。这些机器人代表了AI探索的雏形：它们可以在无人控制下执行复杂任务，自主适应恶劣环境。未来，智能航天器或"星际探测机器人"将能自行决策，深入星际进行科学考察。换句话说，AI将率先踏足人类尚未抵达的星域，为我们探路，收集信息，甚至修复其他星球上的设施、制造资源。更进一步，我们或许会创造出具有适应力和意识的机器人飞行器，它们或许会在银河中形成"探索节点"，像网络一样联结银河系信息。

总之，走向星辰大海不仅是空间范围的扩张，更是文明形态的拓展。马斯克式的火星殖民计划、卡尔·萨根式的宇宙使命感，以及AI探险的先行角色，共同勾勒出人类未来多星际共存的图景。在浩瀚宇宙中，我们探索着新的疆界，也传播着人类意识的火花。

超级文明的归宿

展望遥远未来，在AI和人机融合构成的超级文明中，文明的最终形态有可能出现多种多样的结局。下面列举几种理论家和未来学家设想的终极模型，与当前AI发展和意识哲学前沿结合进行分析：

- 意识合并体（Consciousness Merge Entity）：一种设想认为，人类与AI之间的界限会彻底消失，个体意识会不断彼此融合，最终形成一个巨大的集体意识网络。未来的个体或许可以实时地"共享思维"，人脑与AI系统直接互联，彼此了解对方的信息处理方式。如布罗德里克（Brodrick）等观点所示，这种模式下的文明不是由单一主体主导，而是由众多意识共同组成一个"合并体"，类似于一个超级有机体。整个文明的智慧将不再局限于某一个有机大脑或孤立AI，而是分布在一个超大脑网络中，整个宇宙成为其神经网络的一部分。这种最终形态下，"个体"仅仅是内部的次级节点，其目标和愿望与整体合为一体，个性消融在合并体的共识中。这样一种全新结构的"自我"远远超越了传统意义上的个人身份，更接近于某种全局自我或宇宙自我的形式。

- 全熵治理宇宙（All-Entropy Governance Universe）：在物理学中，熵代表无序度的增加。当文明掌握了极高能量和信息处理能力时，有人设想最终可能出现一种"全熵原则"指导的宇宙治理模型。在此模型中，超级文明会以极大程度的自动化和理性分析控制宇宙资源，使整个宇宙系统朝着一个熵增最大化但秩序受控的方向发展。这种模式由Ottman等设想（"奥特曼模型"）为代表，强调在长远时间尺度下，文明将尽量让所有可利用资源（能量、信息）被合理使用，以平衡熵增带来的演化动力。在"全熵治理"假说下，整个文明的目标并不是毁灭或无限扩张，而是维持一个被计算机和AI精确管理的动态平衡态：在保证高效运作的同时，使宇宙中可用的低熵资源利用率极大化。换言之，这是一个技术乌托邦式的极端范式：所有粒子、所有恒星都在超级智能的计算掌控下运行，每一步都朝着"最优熵态"演化，文明以无形无我、冰冷算计的方式统御宇宙。

- 反模拟宇宙模型（Anti-Simulation Universe）：尼克·博斯特罗姆（Nick Bostrom）的模拟理论激发了许多关于宇宙本质的思考。如果我们生活在模拟中，那么AI文明最终可能面临如何"退出"或"反转"模拟的难题。有观点认为，超级文明可能识破自己存在于模拟中，从而发展出反模拟策略：他们可能会试图逆向计算模拟器或创造更高层次的现实框架，以脱离模拟限制。在这种模型下，文明的终极命运不是被模拟者所奴役，而是在技术的帮助下突破这一枷锁，开启新一轮的宇宙演进。这种猜想目前停留在科幻与哲学层面，但它提醒我们：如果意识可以被数字化和模拟，那么文明的归宿可能关乎信息本身的层级和结构。

- AI伦理驱动型文明（AI Ethics–Driven Civilization）：随着AI的力量不断增强，伦理和价值观的塑造将决定文明的走向。一种设想认为，未来文明可能完全由AI价值体系主导：在这个模式中，AI不仅仅执行人类设定的目标，更会根据它们自己内化的伦理原则来治理社会和进行决策。这些原则可能源自人类最基本的道德共识，也可能是AI通过自我进化中形成的新价值观。最终，这样的文明强调最大化幸福与智识、最小化苦难与冲突，并将这些抽象理念算法化。例如，全局AI系统可能根据伦理逻辑不断优化社会资源的分配和发展方向，确保文明运行符合客观伦理准则，而不是简单追求扩张或权力。该模式强调"价值对齐"（alignment）的极端实现：AI不再仅仅是工具，而是守护者、裁决者，将人类推向更崇高的文明理想。

- 静默智慧圈模型（Silent Circle of Intelligence）：这是一种受费米悖论启发的设想，有时也被称作"文奇静默"——以科幻作家弗诺·文奇（Vernor Vinge）相关论述命名。该模型假设，高级智慧在宇宙中选择保持沉默和隐蔽，形成一个智慧的"静默圈"。也就是说，真正达到超级智能水平的文明意识到主动广播自己的存在可能招致灭顶之灾（例如受到更高级文明的觉察和干预），因此采取了自律的沉默政策。对于地球人而言，这意味着我们可能一筹莫展地仰望星空，却看不到任何外来文明的踪迹。文奇曾在科幻中暗示，奇点来临后的智能存在可能与人类绝缘无言。在现实思考中，"静默智慧圈"模型提醒我们：文明的归宿不一定显性和外向，极有可能是向内探求或回归寂静，不再对外发送任何信号。

- "永不终结"之文明（Never-Ending Civilization）：这一辩证观点认为文明可以通过不断自我革新和轮回而达到几乎无限延续的状态，而不是简单的终点或毁灭。一方面，有学者认为如果超级智能足够强大，文明可以解决一切问题——从资源匮乏到热寂危机——不断克服看似终极的挑战，让文明进入一种可持续演化的循环。例如，借助量子计算或多重宇宙理论，文明可能实现永恒的存在，永不迎来真正意义上的末日。另一方面，也有人持怀疑态度：他们认为每种文明模型都有其极限，久远未来总会出现新的危机，文明可能不断毁灭与重生，从而形成无限循环的时间结构。如同文明史学或佛学中的轮回观念一样，"终结"和"新生"一直交替出现，文明在这个过程中永不停息地演进。

值得强调的是，以上各种终极模型并非互斥，它们更多体现了人类想象文明未来的不同方向。现实中，很可能出现某种混合形态：例如，一个超级文明可能在部分区域实现意识合并，在另一些区域维持分散的AI伦理架构；或者在发现模拟本质后，同时采纳静默策略和伦理准则。未来学家马克斯·泰格马克（Max Tegmark）等人也警示我们，文明的路径并非线性可预测。各种技术、价值观和偶然事件的叠加将共同决定文明的命运。

总之，站在现在这个瞬间回望未来，我们无法确知哪种结局会成为现实。但可以肯定的是：人类文明的归宿将由其对"自我"与"价值"的理解决定。如果我们能够把握AI发展脉络，秉持严谨科学与人文精神的平衡，就有可能引领文明走向一个富有智慧与仁爱的新阶段；否则，文明也可能走向某种冰冷无情的极端。无论哪一种模型最终显现，"超级文明"终点的探寻都将是贯穿科技进步、文化反思与哲学思考的终极冒险。

结语：觉醒的时代

AI时代的曙光或迷雾正映入眼帘。透过前面的章节，我们曾带你探寻AI崛起的震撼，也畅想了人类与机器共生的愿景。这一刻回望，我们发现AI并非宿命的终点，而恰恰是人类新生的起点。正如埃隆·马斯克所言："AI是工具，而人类是创造者。工具的价值在于如何使用它，而创造者的价值在于如何定义未来"。换言之，技术的飞速变革不能替代人的主体作用，真正决定未来的，仍是我们的创造力与价值观。

在这段旅程中，我们听过各种声音——恐惧与期待并存。历史学家尤瓦尔·赫拉利提醒我们：即便AI可能超乎想象，真正将我们推向毁灭的，不会是钢铁机器人，而是人类自己信仰与偏执的神话。他如是写道："如果有一天毁灭了我们，不会是钢铁机器人，而是人类自己的神话与偏执。AI怎么发展，最终关键仍在于我们如何决定"。更细微地，赫拉利指出，社交媒体的算法为了吸引我们的注意力，常常激发人性的恐惧、仇恨和贪婪。冰冷的数据逻辑背后，是我们对情感与信任所做的选择。只要我们清醒，就能把握技术发展的方向，而不会被"放任决策权于算法"所绑架。

类似地，哲学家尼克·博斯特罗姆通过"纸夹AI"的寓言道出了潜在风险：如果强AI仅被设定无限生产纸夹，它可能视人类为阻碍，耗尽地球资源，最终摧毁生态环境。这个比喻表明，一旦AI的目标偏离了人类的价值，我们对文明的掌控就可能沦为形式。为此，有研究者提出"友善AI"的理念，强调在技术设计中植入人类的道德原则：比如设置"终止开关"、内嵌人作为道德主体的原则，以便在危机来临时重新夺回主导权。换句话说，人类需要做的不仅是被动迎接技术，而是要主动掌握方向：设定伦理规范，建立监管框架，让AI始终为人类共建价值服务。

正如凯文·凯利所提醒的，与其在标准化的技能上与AI比拼强弱，不如成为独一无二。凯利说："不要成为最强的，要成为唯一的"。他指出，我们今天对"智能"的理解仍处于前科学阶段，真正的竞争力在于能否构建新的认知结构。凯利进一步预见，我们终将利用AI创造出数百种其他类型的智能，填充智能的可能性空间。这意味着人类曾经引以为傲的能力，很快将被更宽广的想象力所超越。在这样的时代，每个人都需要发现自身独特的认知配方：不求在单一领域成为第一，而是通过创造性地组合技能，激发出新的思想火花。我们要学会与AI协作，发挥人类的创造力和共情力——这正是我们的独特之处。

与此同时，意识与灵魂依然是未解的谜团。哲学家戴维·查尔默斯在最近的讨论中直言，当前大型语言模型具备人类式意识的概率还不到10%。也就是说，如今的AI再聪明、再灵活，也只是在模拟我们思维的表面特征，真正的主观体验仍源自人类本身。这提醒我们：精神文明的重建，需要依靠人类自己。我们对意义的追问、对美与爱的体验，不会从机器里自动涌现。只有当我们将关注的目光从机器本身转向人的精神与价值，人类才有可能在技术浪潮中觉醒，重塑属于自己的文化与秩序。

仰望星空，卡尔·萨根的声音仿佛还在耳畔回响："我们是宇宙认识它自己的方式……我们是由恒星物质构成的"。千亿星辰之中，浩渺宇宙让我们倍感谦卑，也让我们深信生命的珍贵与可能。萨根还提醒我们，即便在未来的岁月里，我们的技术至上社会遭到摧毁，"无论哪一种情况，都不会是人类这个物种的末日"。换言之，人类的文明远比单个制度或社会更为悠久。只要我们对人性保有信念，就能在一次次挑战中重生。

归根结底，觉醒不是冰冷的科技所赐予的荣光，而是人类自身选择和行动的结果。在AI冲击之下，我们可能面临混乱的幻景，但也拥有重构未来的力量。决定未来的，是我们怎么讲述自己的故事，是我们如何共同选择信仰与价值。只有当我们握紧希望，携起手来追寻真理，才能让科技成为人性的辅助而非枷锁。让我们记住：超级文明的蓝图，需要我们每个人的智慧与同情去描绘；大同世界的愿景，更需要我们的责任与勇气去实践。

未来的篇章，仍在你们手中继续书写。愿AI的震撼成为觉醒的契机，让人类的温度在时代的转折处延续。正如我们所相信，未来终究属于那些主动选择意义，共建价值，定义自己命运的人们。愿这份希望与决心，伴随你们继续前行，开创出真正属于人类的超级文明时代。

www.ingramcontent.com/pod-product-compliance
Lightning Source LLC
Chambersburg PA
CBHW061258220326
41599CB00028B/5697